獻給薩莉（Sally）

修著作精選

弔詭的應許

在矛盾中擁抱生命

帕克・帕爾默 著 陳永財 譯

2版

基道出版社

▼

靈修著作精選

弔詭的應許

在矛盾中擁抱生命

The Promise of Paradox

A Celebration of Contradictions in the Christian Life

作者

帕克．帕爾默 Parker J. Palmer

譯者

陳永財

責任編輯

文肖玲、趙半農

裝幀設計

郭曉勤

■

出版 / 發行

基道出版社

香港沙田火炭坳背灣街 26 號富騰工業中心 1011 室

LOGOS PUBLISHERS

Unit 1011, Fo Tan Ind. Centre, 26 Au Pui Wan St., Shatin, Hong Kong

電話：(852) 2687-0331 傳真：(852) 2687-0281

網址：http://www.logos.com.hk

承印

陽光(彩美)印刷公司

●

5/2011 初版 3/2016 二版

Cat. No. LP643-2

ISBN: 978-962-457-418-0

刷次	10	9	8	7	6	5	4	3	2	1
年份	2025	2024	2023	2022	2021	2020	2019	2018	2017	2016

目錄

致謝

帕克．帕爾默

我衷心感謝幾位使這本三十歲老書重獲生命的人。首先和最重要的是喬斯一巴斯出版社（Jossey-Bass）的編輯富勒頓（Sheryl Fullerton），她在我的著作中看到的東西總是比我多，她提出這個再版計劃令我吃了一驚。我永遠都因為她的信心、想像力、技巧和幽默感而感激她。

我也要感謝傑克遜（Marcy Jackson），她讀了二〇〇八年版的導言，並提出一些意見。謝謝沙倫．帕爾默（Sharon Palmer），她以敏銳的編輯眼光閱讀整份手稿，如平常一樣充滿洞見、關心和技巧。她們兩人都幫助我以最好的方式表達我想說的話。

特別感謝我在華盛頓僕人領導學校（Servant Leadership School）的朋友。這學校於一九八六年在亞當斯摩根（Adams Morgan）社區成立，作為救主堂（Church of the Saviour）的體現。這教會在一九四七年建立，多年以來都由我在信仰中十分敬重的人帶領，他們包括戈登．科斯比（Gordon Cosby）、瑪麗．科斯比（Mary Cosby）和奧康納（Elizabeth O'Connor）。

聖母頌出版社（Ave Maria Press）不再出版《弔詭的應許》（*The Promise of Paradox*；譯按：細心的讀者會發現這個書名可以有兩個解釋。弔詭可以用作名詞和形容詞。這個歧義是譯者故意為之的）這本書之後，僕人領導學校提出將這本書再版。為了向它的工作表示感激和敬意，我將版權和所有來自這本書的版稅捐贈給這學校。當喬斯—巴斯出版社提議再版這本書時，學校仝人慷慨地將版權歸還給我。

如果你想知道救主堂是怎樣的教會，僕人領導學校是怎樣的事工，可以想像一下基督教最好的情況：以極大的謙卑並極有效地服事我們當中最微小的人；深深植根於自己的信仰傳統，同時又完全向別人恪守的真理開放。

我很高興將《弔詭的應許》第三次出生的所有版稅，根據救主堂的精神，用來支持僕人領導學校的美好工作。要取得更多關於這重要事工的資料，或奉獻支持它，請瀏覽 www.slschool.org 或發電郵給 school@slschool.org 或致電（202）328-7312。

一九八〇年版導言

盧雲

我懷著真正的喜樂介紹帕克・帕爾默這本處女作。那是源自友誼的喜樂。我在五年前才認識帕克，但今天我很難想像，如果沒有帕克的重要影響，我的生命和工作會是怎樣的。我們花了很多時間一起進食，一起遊玩，一起做夢，一起傾談，一起學習，一起閱讀，一起寫作，最重要的是一起禱告，這為我們的友誼奠定了基礎，而這段友誼是充滿支持、不斷成長和富創意的。

這份友誼讓我看到，本書的內容出自帕克自身——與生命及生命的眾多選擇和可能性——的掙扎。帕克向我顯明，「你不是想出一種新的生活方式，而是活出一種新的思想方式」這句話是多麼真實。這本書的每一部分都反映了一種新的生活方式，也是帕克和他家人投身其中的生活方式。

帕克的生命故事包含了塑造一位著名學者的所有元素：他學習神學，取得社會學博士學位，在大學任教，是成功的社區組織者，寫了很多出色的文章。但這本書不是這些成就的直接成果。相反，它源自帕克用來懸擱這些成就的很多問題；它來自帕克對自己的社會、教育和宗教發展那些勇敢並有時尖刻的批判。

這本書實際上是由矛盾（contradictions）變成弔詭

（paradoxes）所結出的美麗果子：成功的教育故事，與對簡單的羣體生活不斷增長的需要之間的矛盾；在受到敬重的圈子中得到接納，與感到疏離及疏遠之間的矛盾；就羣體這個課題發表談話及演說，與在市郊十分個人化的存在產生的孤單之間的矛盾；對宗教談論得愈來愈多，與對上帝的認識愈來愈少之間的矛盾。雖然周圍都有警告的聲音，但帕克仍然活出這些矛盾，並與他的妻子和孩子試驗它們。活出這些矛盾為他帶來一些洞見、點子和看法，是不能以其他方式得到的。

這本書所以重要，不是因為作者是出色的學者，而是因為這位學者敢於懷疑，他的學問是否真的帶領他走向真理。這本書所以重要，不是因為作者對羣體生命的動力比大部分人都知道得更多，而是因為作者放棄了豐厚的收入和成功的事業去尋找羣體。這本書所以重要，不是因為作者曾經就很多關於教育的事務擔任顧問，而是因為作者懷疑，他自己的教育為他帶來的壞處是否比好處多；而且他花了很多精力，建立一種不由分數和學位主導的教育。這本書所以重要，不是因為作者十分熟悉聖經，而是因為作者敢於讓聖經對他和他所愛的人的生命提出徹底的要求。

這本書出現的方式最能夠見證它的價值。它源自活出那些矛盾，即使這樣做是艱難和痛苦的。這解釋了為甚麼這本書沒有提出一個持續的論證（sustained argument），而是包含了六個思想的實驗，而它們的意圖都十分激進。我讀這些文章時，不能不對自己的生命產生懷疑，不能不處理當我朝帕克指出的方向走時，我所抱持的渴望和抗拒。

帕克討論的都是基本的問題：獨處、羣體、社會行動、政治責任、禱告和默觀。它們是在約翰斯頓（William Johnston）一句話的背景下提出的。這句話是：「信仰是一種突破，以謙卑……深入接受弔詭的靈魂的深處。」以謙卑接受弔詭是將這本書不同部分連結起來的精神，也是這精神，令這本書值得我們閱讀。

過去幾年，帕克．帕爾默教曉了我很多東西。他給我一些十分有用的概念；他向我展示怎樣清晰和簡潔地思考；他介紹我認識很多啟迪人心的人和書。但最重要的是，他決定以無畏無懼的精神繼續朝未知的領域進發，這帶給我極大的挑戰。他教導我要大膽和自由地生活。我們一起的很多時光，現在可以透過這本書與其他人分享，這帶給我極大的喜樂。

我盼望和祈求閱讀這些文章的讀者會感受到文字背後的精神，從而好像我一樣受到挑戰，掙脱幻象和強迫，尋找新的自由。

二〇〇八年版導言

帕克．帕爾默

我在喬斯—巴斯出版社的朋友表示他們打算再版《弔詭的應許》時，我感到很高興。對作者來説，知道自己那本年紀已經不輕的處女作仍然有活力，實在是快樂不過的事情。但同時我又知道，在這本書初版後三十年重訪它，對我來説既是祝福，也是咒詛。

對我來説，咒詛是明顯不過的。為了預備這個新版本，我需要將我四十歲時相信的事情與我今天相信的事情作比較。這令我感到有點尷尬。初版有一張作者的照片，照片中那種造作的認真令我感到困窘，雖然我羨慕——好吧，是妒忌——那個年輕人那把濃密的頭髮。如果我一九八〇年的一些信念真的好像那張照片那樣令我尷尬，我該怎麼辦？如果我感到不能向自己解釋這些信念，更遑論向讀者解釋，那又怎樣呢？特別是從我的第一本書到最近期的著作，其中我與基督教的關係出現了的種種變化，我又會怎樣處理呢？

《弔詭的應許》裏有很多基督教用語，包括從副題到關於十字架的道路的那幾章，以及政治不正確的使徒保羅。但我在大約過去十年寫的書——《隱藏的整全》（*A Hidden Wholeness*）、《讓生命發聲》（*Let Your Life Speak*）和《教學的勇氣》（*The Courage to Teach*）——

都很少使用上帝這個詞，也從不談及耶穌，而這些並非出於偶然。

我花了很長時間努力找出一種描述內在生命的語言，是能夠建立橋梁而不是圍牆，今天我也因為擁有基督徒和非基督徒讀者而心存感激。我特別感謝好像休斯（Richard Hughes）這樣的讀者，他不帶偏見並富洞見地填補那空隙。休斯長時間擔任佩皮丁大學（Pepperdine University）歷史系教授，現在則在彌賽亞學院（Messiah College）任教。他對我所寫的《教學的勇氣》有這樣的評論：

> 帕爾默寫了一本似乎是——實際上在很多方面都是——為世俗讀者而寫、討論一個世俗課題的世俗書籍，那個課題就是怎樣改善課堂教學。但同時這本書那麼深刻地汲取貴格會（Quaker）傳統的寶庫，我不得不視它為我見過的其中一個基督教學術的典範。我這樣看這本書，不是因為它自詡為基督教作品——它肯定不是這樣——而是因為其對應現世的內容，乃是從基督教關乎現實的異象中汲取力量和能力的。[1]

休斯明白我的方法和我的瘋狂。但當我考慮再版《弔詭的應許》時，我追溯我在過去三十年與基督教關係的改變，感到我似乎不大可能得到所有讀者接納。我的非基督徒讀者可能不喜歡我的出身，我的基督徒讀者可能不喜歡我的去向，這樣可能製造出出版行業中所指的「市場定位困難」。

我稍後會回到這個困難，現在先讓我探討這個計劃給我的一些祝福。我學懂了：如果我提醒自己我是多蒙福的，我可以更好地應付咒詛，就正如我記得赦免是真實時，我便更能夠處理我的陰暗面一樣。

整理這本書，讓我有機會在記憶和意義上，與模塑我生命的人物、地方和事件重新聯繫。這樣做，容許我再次為了那些有如奇迹般恩賜給我的友誼和經驗而感恩，如果沒有這些友誼和經驗，我的生命會貧乏得多。而又正如當我願意冒險，往往發覺在我預期只有咒詛時，卻有祝福伴隨。

在我快將七十歲時，重訪我四十歲時相信的事情——並追溯將我由那時帶到現在的屬靈旅程——幫助我預備走下一步。三十年後你再問一問我，我就會告訴你這下一步究竟是甚麼。

無數祝福

無論《弔詭的應許》的內容和風格有甚麼瑕疵——我確實找到一些！——我總是喜歡它，就好像我喜歡那些在旅途中為我打開大門的慷慨人士一樣。那不是因為《弔詭的應許》開展了我的寫作事業。在四十歲時，我已經寫了短篇作品差不多二十年，也出版過其中一部分。但《弔詭的應許》證明我可以寫書，雖然我確信自己沒有這能力——而雖然我這樣確信，但我仍然寫書。而這件事當中有一個故事。

一九七八年春天，我在彭德爾山（Pendle Hill）擔任教務長。那是貴格會位於費城附近的成人學習中心。[2]我當時正在教授一個關於梅頓（Thomas Merton）的課程，租了一套梅頓最後一次演講的錄影帶，打算在課程的最後一堂播放。在學期結束前一個星期，我打電話給革責瑪尼修院（Abbey of Gethsemane），查詢錄影帶甚麼時候會寄到，卻發覺管理錄影帶的修士重複了訂單，並將錄影帶寄到其他地方。（那時我才明白，梅頓抱怨甚至修道院也有官僚的混亂，並不是無的放矢！）

我想以合適的方式結束那個課程，於是在接著幾天寫了一篇演詞，討論弔詭的靈性這個貫穿梅頓所有著作的主題。我以前很少逐字逐句寫出演詞，而是喜歡按大綱自由地演說，但這次我違反了自己的常規。一個學生要求我將講稿給她，表示她的叔叔是天主教神父，對梅頓很感興趣。大概一個月後，聖母頌出版社——位於印第安納州聖母院大學的一間小型天主教出版社——的一位編輯打電話給我。原來我學生的叔叔將那篇講稿交了給他，他問我能否讓聖母頌出版社在每月的通訊中刊登那篇講稿。我當然欣然同意。

幾個月後，編輯再次找我，說讀者對我的文章反應熱烈。「你還有沒有其他文章，特別是與弔詭有關的？」我告訴他我多年來一直都存起一些文章，於是他要求我寄大約十多篇給他。一個月後，他第三次打電話給我，表示他認為我的六篇文章可以結集成一本書，並問我是否願意簽合約。

彷如禪宗信徒開悟的一刻，我發覺我不單可以寫書，而且已經寫了！這是很好的提醒，令我記起靈程學入門課程的第一課：要留心！你可能發現，你想要的東西就在眼前，是尋常看不見的隱藏著的祕密。

《弔詭的應許》是意外的產物。但一旦我手裏拿著這本書，我便知道，如果我想的話，我可以寫更多書。我也確實這樣做。*The Company of Strangers* 在一九八一年面世，而《未來在等待的教育》(*To Know as We Are Known*)在一九八三年出版。在這樣氣也喘不過來地全速前進後，我開始以更穩定的步調寫作，在接著的二十五年再寫了四本書。

與我的寫作生涯緊密相連的，是我與亨利·盧雲(Henri J. M. Nouwen)的友誼。他為《弔詭的應許》寫了導言。我在七十年代中，也就是我那本書出版前幾年認識盧雲。莉莉基金會(Lilly Endowment)召集我們和一小羣人，就靈性這問題提供意見，因當時這個觀念開始吸引主流注意。我們在紐約的阿爾貢金帕克酒店(Algonquin Hotel)花了三天評估數十個撥款申請。所有評判都因為付出時間而得到慷慨的報酬，有些申請者也得到可觀的撥款。但我得到的卻珍貴得多：那是與亨利的友誼，這友誼給我們此後十年一起的工作注入了活力。

我遇到亨利時，他已經是著名和深受歡迎的作家。他的經典著作《從幻想到祈禱》(*Reaching Out: The Three Movements of the Spiritual Life*, 1975)感動了我和很多讀者。[3]亨利只比我年長七歲，但對我來說，他好像一位充滿智慧的兄長，一位屬靈生命的專家，而且有寫作和教導天分。他也很有趣，而這是要贏得我信任的導師的先決條件。

由於我十分重視亨利，對自己成為作家又沒有把握，因此我懷著恐懼戰兢的心情問他能否替我寫一篇導言，給我那本偶然寫成的書加添一點分量。亨利立即說：「當然可以。」他在很多場合都給很多人這樣的回答。一個月後，他寄了幾頁紙給我，我一再細讀，不能相信那些讚賞的話是關於我的。

今天我明白那些話只有部分是關於我的，它們也是關於盧雲那開放和寬大的心。他在一九九六年，在六十五歲這個實在太年輕的年紀去世，這表示在他這顆心停止跳動時，我們很多人需要起來，填補這個世界所痛失的那份寬大。

結束數算祝福時，《弔詭的應許》的再版也幫助我重訪我生命中最具轉化作用的其中一個時期——我在彭德爾山旅居的十一年。彭德爾山是貴格會的成人學習中心，於一九三〇年成立，是一個住宿羣體，大約七十人每天一起崇拜、學習、從事體力勞動和分享決策——這個地方包含了集體農場（Kibbutz）、靜修處、修道院、禪堂的元素，偶然也吵吵鬧鬧。我在這個地方學到關乎內在旅程的有力和恆久的功課，認識到支持這種旅程的羣體，以及學懂了：當這趟旅程走得正確，那會怎樣令我們關心世界的需要。

一九七五年，我開始在彭德爾山擔任教務長時，年薪是二千四百美元，大約等如二〇〇八年的一萬美元。我家人和我都可以有免費食宿，這是很有用的幫補，但即使這樣，那也不是在帕克萊大學取得博士學位的人預期得到的收入，無論是當時還是現在。在那時，每個在彭德爾山的人都得到相同的待遇，包括一個只有中學文憑，在花園、商店或廚房工作的十八歲青年。那是貴格會式的共產主義，而對一個在芝加哥富裕的北岸成長的白人男性來說，這是一個挑戰。

彭德爾山的每個成員每天都要負責打點與其中一頓飯有關的工作，要不是預備食物就是在飯後清理。我洗碗碟的資格不夠，但比我預備食物的恩賜強得多。所以在那十一年，我下午的樂事是負責午餐後的清理工作。身為教務長，我不時需要外遊籌款或演講。但和彭德爾山的每個人一樣，每當我沒有執行飯後任務時，都要找人接替，並在回來時除了做自己的工作外，也要替那人做他的工作以作回報。如果你可以告訴我有教務長是過著這樣嚴格的生活的，我會樂意義務替他或她洗一天碗碟！

彭德爾山的薪酬和工作與我提到的有力及恆久的屬靈功課有甚麼關係？唔，全都在那裏：這設計猛烈攻擊我認為自己應有某些權利這種自戀的感覺，這對很多好像我這樣的人而言，是內在旅程的第一步。這種羣體形式不單迫使我面對這些問題，更提供處理它們所需要的操練（好像一起的靜默和溫柔地說出事情）；而這種生活方式令我與那些不是出於個人選擇、而是因為經濟不公義而生活匱乏的人，更感到休戚與共。我敢說，從屬靈挑戰的角度來說，這與我在大學任職所要面對的根本截然不同。

對我來說，記起這一切遠遠不單是沿著回憶的路走。那是真正的祝福，在我快將七十歲時，給我機會取回我知道對自己和世界來說都是真實的東西，並重新委身於這些東西。

咒詛！

我重讀這本書時，留意到兩件事。首先，即使我今天再寫關於同一個課題的文章，很多地方我都會隻字不改，部分是因為我仍然相信那些話，部分是因為我不知道怎樣可以說得更好。第二，有些內容是我今天不會寫的，容許它們再版，令我感到有點兒不自在。我這樣做，很大程度上是因為我相信四十歲的自己和六十九歲的版本有同樣的言論自由！[4]

我的不自在與我信念的基本改變沒有多大關係。我仍然視自己為基督徒，很多傳統基督教的理解仍然模塑著我的生命。但在二〇〇八年，我發覺很難用傳統基督教語言來講述我的信念，因為那些辭彙已經被神學恐怖分子俘擄，並折磨得體無完膚。當然，這不是基督教修辭第一次被公開冒犯；但我這裏所談及的冒犯卻是在此時此地發生的，而那些傷口——我的傷口——仍然十分疼痛。

沒有基督教的光照亮我的生命，我會在黑暗中迷失，我在好像道成肉身、恩典、聖禮、赦免、祝福和死亡及復活那弔詭的舞蹈的真理中找到光明。但當基督徒宣稱他們的光是惟一的光，任何人如果不同意他們對光的理解，便會永遠被定罪時，事情對我來說便變得相當黑暗。我想跑到所謂的世俗世界——我相信稱它為上帝廣大、原始的世界會更好——發出呼喊，在那裏我可以恢復上帝給我的思想。

在那裏，我再次看到真理、良善和美，在敬虔的基督徒將他們那個發霉、沒有窗、沒有生命的房間的房門用力關上時，這些美德都消失了；在受到神學上的自大蒙蔽的基督徒旁邊，誠實的無神論者好像陽光照耀。在因為排除「他者」而受到玷污的教堂旁邊，真正多元化的城市才是一座大教堂。

基督教以宣告「溫柔的人將承受地土」的那一位來命名，為甚麼會產生這麼嚴重的自大？例如以下的場景，在現今經常出現。一個人生於有財有勢的家庭，在成年生命的頭二十年揮霍無度，放蕩無恥，靠著特權而不是自己的努力和才智而不致沒落。後來他遇到基督，不再喝酒，開始對某些**事情**——或許是政治——認真起來。

我為他感到高興。但我沒有高興得太久。這個人因為與基督相遇，因而相信上帝將所有事情都清楚和直接地告訴他；這個人又相信他在「禱告」中得出的任何結論都是由上帝啟示，對別人有約束力；而他由上帝啟示得來的決定所帶來的結果總是正確的，即使有很多證據證明事實剛好相反。

讓我們假設，這個人變得如此認真，加上他家族的聯繫和財富，令他在政治上取得成功，並讓他突然間取得真正的權力。基於他堅信自己那片面的真理，我很快會看見他重新開始喝酒。就道德問題來說，一個人酗酒引來的問題，遠不如這個妄想的領袖所帶來的社會、經濟和政治破壞那樣嚴重，而且這一切都是奉上帝的名而進行的。如果他留任的時間夠長的話，那破壞的其中一部分會稱為「漸進的極權主義」。

如果我曾經走過好像這個人的人生旅程——而我當然走過這樣的旅程，誰不需要從某種方式中把自己拯救出來？——我實際得到的教訓會十分簡單：「我能夠犯十分嚴重的錯誤，就好像我成年生命的頭二十年那樣成為稚嫩和愚蠢的笨蛋。現在我得到另一個機會，我必須以恰當的謙卑來過活。」

一個人怎能遇到上帝在基督裏的威嚴和恩典，從自己的渺小中得到拯救，卻因為這經驗而變得自負而不是謙卑？我只能想到兩個原因：要不是他沒有遇到真神，只是遇到真神廉價的模仿者；就是他遇到真神，卻糟蹋了得救的機會。幸好機會還會再來，即使是對好像他這樣的笨蛋，或者好像我這樣的笨蛋。

是的，我相信赦免、恩典和拯救（意思是變得整全）以及道成肉身（我相信每個人都是道成為肉身的）。事實上，基督教信仰的主要信念對我來說遠遠不單是「信仰的規條」；它們是看生命的鏡片，幫助我了解自己，我感到我有點像我剛描述的人那樣令人費解。

我曾經三次患上嚴重抑鬱症，去到陰暗之處，又活著講述那故事、十字架、死亡和復活以及恩典，這種種都是在我生命程途上熟悉的地標。對我來說，基督徒的故事既不是童話（正如不信的人有時描述那樣），也不是充滿應該做甚麼的道德劇（正如信徒有時描述那樣）；它只是誠實地、可畏地、令人振奮並最終滿有確信地將自身如實闡述出來。

我不肯定，如果我沒有好像我所認識的那樣，有力地為現實命名和應對現實，我能否生存下來。但我可以肯定，我不能像一些基督徒和教會那樣利用這種能力。一個人怎能夠既相信上帝的恩典，但又仍然相信上帝的恩典只賜給那些對上帝在我們生命中的作為持某種特定理解者？——而且那是**他們**的特定理解！

如果基督徒回答這個問題時說「上帝令耶穌死在十字架上，贖回人類的罪；所以如果你要得救，你便必須相信耶穌基督」，我便會有疑問了。要求流血——**上帝自己的兒子**所流的血——作為代贖的上帝是怎樣的上帝？我自己是別人的父親，在受傷和憤怒的時刻，我確有一兩次想「殺死」我的孩子。但那總是因為**他們**的罪，而不是你們的罪。我不想有一位我自覺較祂更為道德的上帝。我也不想有一種神學是提倡以流血的祭來把事情弄妥的。現時實在有太多這樣的事情發生了。

耶穌死在十字架，因為祂與當時的各種權勢有衝突，這個故事在人類歷史中一再重演。對我來說，祂的死具有救贖作用，不是因為它實現了木偶主人的計劃，也不是它實現了某種宇宙戲法；而是因為它代表上帝願意在我們生命的每一刻與我們一起受苦，包括在我們願意向各種權勢說出真理時。這就是**憐憫**（compassion）這個詞的意思——「一起受苦」——這是最大安慰的源頭，也是上帝給我們的恩賜，讓我們可以把祂傳遞給別人。並且感謝上帝，耶穌只是這恩賜的眾多體現之一：世界需要憐憫的無盡體現。

想一想受到戰爭蹂躪的越南或現時從西藏流亡的那些佛教徒，他們背負著暴力受害者的苦難，但卻委身於以非暴力的方式爭取公義與和平，甚至以憐憫對待自己的敵人。透過基督徒的鏡片看，他們「好像基督」。但他們完全有權回看這個「基督教國家」——記得我們的戰機怎樣轟炸越南的兒童，或者看著我們無視西藏的情況——並問自己：「這**真是**耶穌會做的事情嗎？」

我在教會長大時，一句聖經的話吸引著我，而我將這句話藏在心裏：「我們有這寶貝在瓦器裏，要顯明這莫大的能力是出於上帝，不是出於我們。」（林後四 7）這句話解釋了兩件事：為甚麼我認為神學的自大是十分不符合基督教的，以及為甚麼我仍然對基督徒羣體自我糾正的能力存有盼望。

這些瓦器——保存和傳遞信仰的奧祕的容器——包括我們的聖經和神學的每一個字，我們信經中的每一個教義，支撐建制教會的每一個結構。教宗、代贖的教義、**上帝**這個詞語本身——這一切都是瓦器，都會裂開和滲漏，破碎和破爛。而這是好事，因為它提醒我們，當我們廁身那麼廣大的真理之中，我們的思想構造永遠不能理解它；也因為它讓我們謙卑地透過別人的眼睛看那奧祕，叫我們有機會更認識那奧祕；也因為這些瓦器，令我們不會變成神學的法西斯主義者。

至少在理論上是這樣。在實踐上，從破碎的瓦器到瘋子只是一線之差。太多基督徒相信，他們關於上帝的想法和上帝的想法是同一回事。拉莫特（Anne Lamott）在人們堅持她那種基督教是通往地獄的單程票時，對這些人作了一個很好的回應。她感謝他們的分享，然後說：「你知道你與上帝的分別嗎？上帝**從不**以為祂是你。」[5]

我可以說的是，一個認為自己以純正、不攙雜的形式說出上帝真理的人——或者相信某個凡人（例如：其中一個有話語給收錄在聖經的人）這樣說話的人——是拜偶像的人，這個人敬拜假神，由人建構的假神。我想向他們說：「你或我對上帝的觀念都與上帝不同。聖經這樣說，而這只是常識。因此我們應該學習彼此對話，盼望能夠藉此深刻一點理解上帝——甚至可能彼此了解。」

如果我錯了，我希望有人會及時證明我的錯誤。在有人這樣做之前，我對任何培養和助長偶像崇拜的教會是又愛又恨的，他們因為譴責任何與自己看事物方式不同的人要下地獄，因而令自己的罪加倍嚴重。我不相信這些拜偶像的人會永遠受折磨，我也肯定不想他們這樣。他們現在令事情變得好像地獄那麼糟，但我希望的是他們得到生命。

弔詭有甚麼應許？

梅頓在革責瑪尼修院擔任見習修士的導師時，他的講課往往被錄了音。他開始其中一堂課時，向那班交給他照顧、並熱心和敬虔的未來修士説：「朋友，在有屬靈生命前，你們需要先有生命！」

我珍惜這句話，因為它幽默地澄清了宗教和靈性的其中一個大問題。那個問題是：假設屬靈生命是與「世俗」生命分開的；也就是説，屬靈生命與個人生命是分開的。我估計梅頓的話在聽眾中產生兩種反應：「噢，他是對的，我需要有生命！不，且慢，我已經有生命——但那是我來修道院時想撇下的一團糟！」

當然，梅頓的意思是，我們會在那一團糟之中，即在其塵世在地的現實、不能預測的挑戰、叫人驚訝的豐富、富創意的動力之中，找到屬靈的生命。我想他會同意，我們在著名的「謝謝！」和「救命！」這短短的清單上加上一個新禱告。那個新禱告同樣簡單：「祝福這一團糟！」

如果我們站在那一團糟中間，並假設屬靈生命是有秩序和純潔、循序漸進和合乎邏輯、沒有複雜和矛盾的，那麼我們不會祈求祝福，而會祈求徹底的改頭換面。當然，終極的改頭換面是經防腐和裝飾得很好的死屍，我們嘗試蔑視上帝的廣闊和不受控時，我們的生命便變成這樣的死屍。

我相信上帝想我們良善，但上帝最想的是我們有生命：生命畢竟是上帝原本給我們的禮物。嘗試將這禮物放回盒子裏，包起來重新上架，是拒絕禮物並侮辱送禮物的人。而當基督徒用他們對「良善」的觀念來貶低或摧毀別人的生命——無論是象徵地還是實際上這樣做——正如他們宣布同性戀是不聖潔或利用上帝來支持對無辜平民發動戰爭時，這就是對上帝的雙重拒絕和侮辱。

我不否認道德秩序的重要性，但這秩序只能夠由對話而不是由命令產生。(強制推行道德價值是罪，違反上帝賜予我們的自由，而你不能藉著不道德的過程達至道德秩序。)但如果無序不如秩序那麼重要，我們怎樣理解是甚麼推動著個人和社會的創意和演化呢？正如我最近對一位朋友説：「為甚麼人們以為『有中心』是那麼好？我發覺自己最受『古怪』或偏離中心的人吸引，因為他們十分有趣和充滿趣味！」

弔詭的應許，就是表面對立的事情——好像有序和無序——可以在我們生命中協調的應許，如果我們以亦此亦彼取代非此即彼，我們的生命會變得更廣大和更充滿光明的應許。在我認識的每個智慧傳統——包括基督教傳統——的核心都有這個應許。我還可以怎樣理解「凡要救自己生命的，必喪掉生命；凡喪掉生命的，必得著生命」這句話？或者「在前的將要在後，在後的將要在前」？或者肯定耶穌基督完全是人，又完全是神？或者如下的觀念：我們知道上帝存在，但卻不能聲稱自己了解這位存在的上帝？

辭典將弔詭定義為「一句似乎自相矛盾或荒謬、但實際上是在表達可能的真理的話」。關於這個課題，諾貝爾物理學獎得主尼爾斯．博爾(Niels Bohr)以就我所知最簡潔的話表達同樣的意思：「正確陳述的相反，是虛假陳述；但深刻真理的相反，可能是另一個深刻真理。」[6]

重要的是要留意「可能」(maybe)這個小詞。並非所有表面的矛盾都是弔詭的另一面相，因此我們需要懂得分辨。無論有多少個總統説「戰爭就是和平」，這句奧威爾式（Orwellian）的口號並不符合弔詭的標準。但我們是為了獨處**和**羣體而受造這個事實，卻是真實的弔詭，如果我們不接受它，便會損害自己。

接受真正弔詭的能力，不單是容納複雜思想的頭腦技巧；它是容納複雜經驗的生命技巧。例如：我們與「他者」相遇，也就是與那些因為站在和我們不同的位置並因而看到不同的現實的人相遇。某程度上，他者不單與我們的思想、也與我們的生命有矛盾，而這可以帶來威脅。如果我們沒有能力容許這矛盾演變成弔詭——有潛力令我們的思想和內心向某些新事物開放的亦此亦彼——我們很可能會回到我們僵化的回應方式：「對抗或逃跑。」但如果我們明白弔詭的應許，我們與「他者」的相遇，便有潛力令我們的世界變得更大、更慷慨、更有盼望。

或者以我稱之為站在「悲愴的缺口」（tragic gap；編按：作者以此指稱艱難的現實與已知的可能性之間的鴻溝）這個經驗為例。由國際關係到在工作場所發生的事情到教育青少年，我們都發覺自己活在現實和可能之間、現時的情況和可能及應該的情況之間。但如果我們願意積極地與一個國家、一個同事或一個孩子「堅持下去」——維持現實和可能之間那未能解決的張力，並邀請一些新的事物出現——我們便有機會參與更美好的現實的演化。

站在缺口是富挑戰性的，但其他選擇都是不負責任的。要不是落入太多現實之中，陷入有害的犬儒；就是落入太多可能性之中，陷入不相干的理想主義。兩者都令我們不行動。但如果我們願意站在兩極之間，拒絕落入任何一端，便有機會在孩子、工作場所或世界的發展中扮演賜予生命的角色，而孩子、工作場所和世界都需要成長為「其本性中的善良天使（the better angels）」。

如果我們要站在缺口之中，我們需要認識弔詭的應許——而且認識它的方式要比頭腦認識得更深入，聖經其中一句最著名的詩句提出這種方式：「道成了肉身，住在我們中間，充充滿滿地有恩典有真理。」（約一 14）我相信這些用來形容耶穌的話，指出了我們所有人都蒙召去做的事：把自己全人圍繞著那賜給我們的真理，以我們具體的生活將那真理活出來。

多年以來，我對任何似乎能夠給我生命的觀念，都提出一個簡單的問題：「我們可以怎樣替那觀念裝上輪子，好充分利用和發揮？」這雖是對「道成肉身」一個不很有格調的演繹，但它對我有幫助。在這本書出版後的三十年，我對為弔詭這個觀念裝上輪子有了點經驗，我將自己和別人帶到活出的經驗中，並維持著張力，向新事物和出人意表的事物敞開我們的心扉和思想。

讓我提出一個例子。人們在教會和其他羣體中作集體決定時，可以怎樣經驗到——和可以怎樣經驗不到——弔詭的應許。我們以依從大多數人來作決定時，便會剝奪了學習怎樣具創意地維持張力的機會。根據這些基本原則，人們鼓勵我們以投票並速戰速決來「解除」對立觀點之間的張力（雖然在實踐上，落敗一方持續的怨恨可以在之後的很長時間妨礙著前進的步伐）。

但如果我們以共識作決定——在每個人都肯首時才繼續前進——人們便必須學習以嶄新的方式聆聽與他們不同意見的人。現在問題不是「我怎樣藉著説服足夠的人相信你錯了，從而能在投票中勝出？」而是「我可以怎樣從你的真理中學習，藉以擴闊我的理解；並表達我的真理，藉以擴闊你的理解？」

在共識的基本原則下，我們得到鼓勵，維持表面矛盾的觀點之間的張力——因為這樣而出現的嶄新和更大的真理，我們往往發覺自己因而感到高興和驚訝。這就是弔詭的應許。

結束的附筆

我重讀《弔詭的應許》時驚訝地發現，我今天處理的很多問題，和我三十年前處理的問題相同。「弔詭」在我寫的每本書出現，我寫這篇導言時正在撰寫的一篇文章也出現這個主題。

對於這個事實，我可以想到幾個解釋。第一，我基本上是一個沉悶的人，總是墨守成規。第二，我屬於那種心裏只有一本書的作者，只是將那本書重寫很多次。第三，我們生來都有一個個人身分的核心，是持續到我們死亡的，因此我們基本的問題維持不變。我會選擇第三個解釋，因為它是最有尊嚴的。

多年以來，我都想在汽車保險杠貼上一句標語：「天生困惑！」我相信願意感到困惑並維持困惑是我身分的一部分，也是我其中一種與生俱來的恩賜。我認真地視這為「恩賜」：困惑給我的生命添加活力，包括我身為作家的工作。有時人們視作家為他們所寫的主題的專家。但我從沒有寫過我已經掌握或明白的課題。一旦我達到某些人認為是專家的水平，我便感到沉悶，而即使不寫一些令我感到沉悶的事情，寫作本身已經是十分艱苦的工作。我寫的事情，甚至在我寫完後仍然使我困惑，也就是説，我所寫的事情，它們的奧祕對我來説似乎是無窮無盡的。

在早期，我的困惑集中在世界身上，以及它怎樣運作或它怎樣不會運作。然後我的困惑落在別人身上：為甚麼他們是那樣？最後，我發覺一切困惑的根源都在於自己，除非我願意對自己、對別人和對世界更敞開自己，否則我會繼續模糊下去。

因此，歸根究柢，我對弔詭的長期著迷是植根於我對自己的長久困惑。三十年前我在《弔詭的應許》第一頁寫道：

> 矛盾、弔詭、對立的張力：這些都總在我經驗的中心，而我想不單我是這樣。我被拉向一邊，然後又被拉向另一邊。我的信念和我的行動往往看似格格不入。我的長處有時被我的弱點抵消。我自己，以及我周圍的世界，似乎對那個「整全的整體（integrated whole）的不和諧」的研究，多於對其和諧的研究。

在過去三十年，在弔詭這個觀念的幫助下，我在個人整合方面有點進步。但這段描述我的話，仍然有很多是事實，而且總會是這樣——至少只要我完全投入生命，我都會這樣。正因為這樣，梅頓的話繼續給我安慰：「好像約拿一樣，我發覺自己在弔詭的肚腹中朝我的命運走去。」

約拿是那個以被鯨魚吞掉而聞名的人；他活著講述這個故事，而因為他惹上的麻煩，聖經記述了他的故事。在他逃避上帝的呼召並乘船逃走時，他被船員拋到海中，落在鯨魚旁邊。但鯨魚沒有將他當作點心，而是把他整個人吞下，帶他到尼尼微，也就是上帝最初呼召他去的地方。故事的寓意是另一個弔詭：逃避真正的呼召，可能是迎向那呼召最確定的方法，雖然你到達時可能渾身濕透，而且散發著臭味。

當然，這樣逃走的危險是十分真實的。多年以來，我的辦公室都有一塊艾興貝格（Fritz Eichenberg）的木刻。這塊木刻有十八寸高，差不多十二寸闊。它由頂到底刻劃著一連串圖像，講述約拿的故事。那描述是黑暗和混亂的，充滿海怪、洶湧的波濤以及戲劇性的場面；底部顯示約拿安全到達岸上。對我來說，這木刻表明了在生命的海洋上航行不時會出現的景況——我與我的呼召搏鬥：同時身為公眾人物和獨立個體，我又抵抗又順服，載浮載沉，但總是得到引領。

在木刻中間，在中心左邊，有一隻能看穿萬物的眼睛，充滿光輝，劃破黑暗。那肯定是上帝的眼睛，這隻眼睛一直看著約拿——正如他們說，這隻眼睛會「看著他」。這句話有很好的雙重意思：上帝看透約拿，看穿他的假象和錯覺；但上帝也會和約拿一起，直到結局。

當然，你在逃走期間，當被拋下海中，或被巨獸吞進黑暗的肚腹中時，這一切似乎都如此實在。但當你到達遙遠的岸上，有機會喘一口氣，打扮整齊，然後看一看四周時，你便開始明顯看到，有些事情一直在引領著你。

看著艾興貝格的木刻，似乎明顯的是，如果將這隻充滿光輝的眼睛放在譬如説兩位生活安穩的男士，享受富裕的退休生活，正在打高爾夫球這樣的場景中，在藝術上是沒有意義的。這個圖象所以有力，只是因為它那具挑戰性的背景，只是因為它完成了黑暗和光明、盲目和看見之間的弔詭。我不想將弔詭的應許簡化為一九五〇年代一首流行曲的一句歌詞，但事實是「你不能二取其一」。

那不是「你可能全都擁有」，而是你必須全盤接受，如果你想有全面的生命的話。十九世紀新英格蘭的超驗主義者富勒（Margaret Fuller）説了一句著名的話：「我全然接受宇宙人生！」據説散文家卡萊爾（Thomas Carlyle）回應説：「天啊！她最好這樣做！」[7]

這是一句很好的妙語，但富勒實際上是有選擇的。她可以不接受，可以拒絕生命的複雜和矛盾——就好像很多人和信仰系統那樣（包括世俗和宗教的）——將它化約為幾個變項，製造幻象，讓人以為事情很簡單，我們控制著一切。

但這種思想帶我們到哀傷的世界。我寫這篇導言時，正見證著美國介入伊拉克戰爭。這是千百萬倍的哀傷，而引發這哀傷的理據是：美國假設這個地區的複雜性可以以我們的軍事力量簡化，且不用理會越戰和一九四五年以後我們不能打勝的所有戰爭。如果我們能夠維持一個弔詭的複雜性，即人心有時會同時渴求自由的甜美空氣**和**獨裁者帶來的秩序——無論那多麼具壓迫性——那麼，我們對我們的使命可以不致那樣絕對肯定，而這對我們回應本國的困境和伊拉克的現實時可能會更有建設性。

你在弔詭的肚腹中朝你的命運走去時——正如我們所有人那樣——你一切都是那麼不確定；但富創意的機會卻是無限的。抗拒這事實，生命便會變得難以忍受；擁抱它，生命便會成為極美好的旅程。

註釋：

1. Richard Hughes, *How Christian Faith Can Sustain the Life of the Mind*（Grand Rapids, Mich.: Eerdmans, 2001）, 142.
2. 關於彭德爾山的資料，參 www.pendlehill.org。
3. Henri J. M. Nouwen, *Reaching Out: The Three Movements of the Spiritual Life*（New York: Doubleday, 1975）.
4. 雖然我就本書的風格作出了編修，但我嘗試完整保存自己一九八〇年時的觀念。過去三十年我都不斷學習怎樣寫作，但當我看到怎樣可以令一句話變得更聰明和更得體時，我卻沒有作出修改後才出版——即使那句話令我感到不自在。
5. Anne Lamott, *Breaking the Surface*〔document on-line〕（www.salon.com/colunmists/lamott.html）.
6. 很多二手資料都表示這句話來自尼爾斯．博爾（Niels Bohr），雖然我不能在他已出版的著作中找到這句話。但其真實性很大程度上由他兒子（漢斯．博爾〔Hans Bohr〕）的一句話確定了。在一篇稱為"My Father"的文章中，他說：「我父親喜愛的一句格言是區別兩種真理：一種是深刻的真理，而其相反也是深刻的真理；無關痛癢的真理，其相反則明顯是荒謬。」S. Rozental, ed., *Niels Bohr: His Life and Work as Seen by His Friends and Colleagues*（New York: Wiley, 1967）, 328。
7. William James, *The Varieties of Religious Experience*（New York: Longman, 1902）, 49.

第一章
在弔詭的肚腹中

一九五三年，在成為熙篤會（Trappist）修士的第十二年，梅頓出版了一本稱為《約拿的徵兆》（*The Sign of Jonas*）的日記。十五年後，我初次讀他的序言時，我知道自己受到一位老師和朋友感動：

> 耶穌給不明白祂的世代的應許是「先知約拿的徵兆」——也就是祂自己復活的徵兆。每個……基督徒的生命都伴隨著約拿的徵兆，因為我們都靠著基督復活的能力生活。但我感到我的生命特別以這偉大的徵兆為印記……因為好像約拿一樣，我發覺自己在弔詭的肚腹中朝自己的命運走去。[1]

這是梅頓最好的著作，有堅定的宗教信念，又配以機智和對宗教生命清新的比喻。本來這對我來說已經足夠，但我同時受到內容和風格吸引，受到生命好像極美好的弔詭這個觀念所吸引。

矛盾、弔詭、對立的張力：這些都總在我經驗的中心，而我想不單我是這樣。我被拉向一邊，然後又被拉向另一邊。我的信念和我的行動往往看似格格不入。我的長處有時被我的弱點抵消。我自己，以及我周圍的世界，似乎對那個「整全的整體的不和諧」的研究，多於對其和諧的研究。

不只一次，我因為這些矛盾對我「屬靈生命」的不良影響而感到沮喪。我以前以為，要屬靈地生活，需要將所有對立和張力解除，才能盼望可以起飛。但在我正努力除去矛盾，好將自己呈獻給上帝時，我的屬靈生命常是一種疑幻疑真的忐忑不定，從沒法子掌握當中的真諦。我以為我抱怨生命的不一致時，是在靈裏活著；但實際上我變得更挫敗、更焦慮、更退縮，逃離生命的核心所在——那裏其實總是潛伏著矛盾的。

梅頓說生命是在弔詭的肚腹中，這個形象對我來說帶來了光明和釋放。或許我們毋須獨自解決生命的矛盾。或許我們可以被弔詭吞下，但仍然可以被送到個人命運的岸上——就好像約拿從鯨魚的肚中被送到岸上一樣。或許矛盾不是對屬靈生命的妨礙，而是它固有的部分。透過這些矛盾，我們可以學到，生命的力量是來自上帝而不是我們。

梅頓很有資格教導我們矛盾和弔詭是甚麼。他是立誓獨處和安靜的修士，寫了超過六十本書，成了他那個時代的國際人物。他從世俗生命的步伐和要求中引退，在肯塔基種滿樹木的山丘上禱告，卻好像先知一樣了解種族歧視和軍國主義，並成了社會行動者的主保聖人。他是羅馬天主教徒，他早期的著作有時對我來說顯得太具宗派觀念，但他後來成了普世的宗教人物，浸淫在道家和禪宗裏面，一些東方人視他為佛陀的化身。

在他的矛盾中，梅頓發現了上帝的恩典，這發現是給我們所有生命受到兩極拉扯的人的恩賜。在一本文集的序言中，梅頓寫道：

> 我需要接受一個事實：我的生命幾乎完全是矛盾的。我也要慢慢學習不為這事實道歉，甚至不向自己道歉。或許，這個序言表明我仍然未完全學懂這一點。不要緊。正是在弔詭本身，以前是和現在仍然是不安全的來源的弔詭本身，我找到最大的保障。我確信我生命中的矛盾在某些方面來說是上帝憐憫我的標記，這只因一個如此複雜、傾向混亂及自我挫敗的人，如果沒有特別的憐憫，實在難以活得長久。[2]

在這篇文章中，我想探討和讚美梅頓思想中的一些矛盾，並看看關於我們自己的矛盾，他可以給我們甚麼教導。

矛盾、弔詭和聖靈的生命

生命的矛盾不是偶然的。它們也不是來自不恰當的生活。它們是人類本性和我們生命周圍的環境所固有的。正如詩人說，我們「比上帝微小一點」（詩八5），但也「如同死亡的畜類一樣」（詩四十九12）。我們最卓越的洞見和最偉大的抱負所以失敗，是因著我們太軟弱——或太頑強——的肉身拖累所致。我們起來展開屬靈的翅膀上騰時，卻發現自己腳上綁著需要和貪婪的重物。我們刻意和努力尋求的東西，傾向避開我們；而我們的祝福卻這時又悄悄地不請自來。我們實現我們最想實現的事情時，我們為此而感到的快樂往往又開始褪色。

這些私人生命的矛盾，在我們進入工作和政治的公共世界時一再倍增。在這裏，不同的價值觀彼此抵消：例如我們怎樣可以同時享有自由和平等？在百萬個團體爭奪稀有的資源時，異象向妥協屈服，而妥協是集體生存的法則——異象也可能向張牙舞爪的自然法則屈服。這是一個自我否定的世界，我們最好的成就也可能製造出負面的副產品：醫學延長人的壽命，卻在某些社會衍生饑荒，在另一些社會帶來衰老的痛苦。

在私人和公共世界以外的，我們可以稱為宇宙性的矛盾；它們甚至牽扯到上帝，牽扯到數千年來都困擾著男男女女的宗教難題。如果上帝是慈愛、全知和全能的話，為甚麼宇宙中會有邪惡存在？為甚麼有時邪惡囂張，而正義卻式微？在我們生命的每一層面，我們都受到兩個極端拉扯，它們似乎是不能調和、令人沮喪和挫敗的。

梅頓明白我們回應矛盾的方式是屬靈生命的關鍵。我們遇到和應付矛盾的一刻，是我們進入或避開上帝的奧祕的轉捩點。畢竟，這位上帝說過：「我造光，又造暗；我施平安，又降災禍。」（賽四十五7）基督徒很少認真看待這句話，他們選擇將黑暗和災禍歸咎魔鬼。

我們展開屬靈旅程，希望實現整全，但遠在我們仍未來到那裏前，那旅程只強化和增強我們對矛盾的感覺。聖靈的真理與我們活出的謊言有矛盾。聖靈的光與我們內在的陰暗生命有矛盾。聖靈的合一與我們的破碎有矛盾。

對我們一些人來説，聖靈和自我之間的張力是那麼巨大，以致我們放棄屬靈的追尋：我們離開那源頭，走進黑暗，因為我們不想在不相配的光中看見自己。我們有些人否定自己的黑暗，嘗試總是在光明照耀著的地方行走，從而解決那股張力：我們遠離黑暗的世界，尋求一些情況，是能夠滿足我們對保持「純潔」的需要的。我們以某種方式令自己遠離生命的巨大舞台——在那裏上帝和世界交往、光明和黑暗協調、矛盾大量出現。

但還有第三種回應方式，是超越選擇任何一極的：讓我們稱它為「活出矛盾」。我們拒絕逃避張力，反而容許張力佔據我們生命的中心。為甚麼我們要這樣做？因為藉此我們可以接受屬靈生命其中一份最大的恩賜——**矛盾轉化成弔詭**。非此即彼的兩極、我們以為我們要作出的選擇，可能成為我們沒有想過的更大真理的記號——在那真理中，我們的生命可能比我們所可能想像的更大。

《牛津英語辭典》(*Oxford English Dictionary*)説矛盾是一句話，包含著邏輯上互有衝突的元素。弔詭是一句似乎是自相矛盾，但在細心研究下可能證明是完全真實的話。根據傳統邏輯的規範，很多智慧傳統的洞見都會被視為是矛盾的。但根據屬靈的規範，這些洞見包含著弔詭的真理：

得著生命的，將要失喪生命；為我失喪生命的，

將要得著生命。(太十 39)

老僧三十年前未參禪時，見山是山，見水是水，及至後來，親見知識，有箇入處，見山不是山，見水不是水，而今得箇休歇處，依前見山衹是山，見水衹是水。(禪宗語錄)[3]

愛這種東西，如果你將它施予出去，結果會得到更多！(流行歌曲)[4]

以傳統邏輯判斷，屬靈真理往往似乎自相矛盾。在邏輯想分離和分隔之處，尋找的人卻尋找到梅頓所説那種生命中的「隱藏的整全」、萬物背後的統一。邏輯假定任何違反理性規則的東西都不可能是真的；靈性假設我們的問題探問得愈深，那些規則便變得愈不管用。屬靈生命——它的領域是非理性(nonrational)而不是不理性(irrational)——以一種顫慄的信心前進，相信上帝的真理實在太大，根本不能簡單地以非此即彼來解釋，而只能夠以亦此亦彼的複雜性來理解。

在我繼續下去前，先要提出一個警告。在提出弔詭的應許時，我無意認同所有真理都是相對的，並真與假、對與錯沒有重大分別這種頭腦簡單的觀點。這種愚蠢削弱了弔詭這個觀念的力量；弔詭的應許部分來自一個事實：世界充滿著真正的對立，它們彼此激烈拉扯，永遠都不能轉化成弔詭。我們不是藉著放棄批判的能力、而是藉著強化這種能力來理解並欣賞弔詭。

我聽過有人把**弔詭**這個詞語當如咒語般使用，以為它能神奇地除去生命的張力，並免除我們對這些張力的責任。我聽過有人用弔詭來描述行為和信念之間的差距，彷彿這個詞本身會原諒那矛盾，甚至將它神聖化，容許我們忘記它。但這正是潘霍華(Dietrich Bonhoeffer)所説的「廉價恩典」，而這亦與梅頓和我的理解完全不同。

我們首先需要的，不是解除那張力，而是**活出那些矛盾**，完全並痛苦地發現我們的生命處於兩極之間。這樣，我們會投進弔詭，在其核心之處找到超越和新的生命。我們的生命會改變，我們的信念和我們的行動會更能夠回應上帝的靈；但這只會在我們被只有上帝可以解除的矛盾吞沒時才發生。和約拿一起，我們會得到解救，但這只是在我們容許黑暗吞噬我們時發生。

正如梅頓透過矛盾和弔詭幫助我們明白自己，這些原則也幫助我們明白他的思想。為了實現這兩個目標，我想看看梅頓怎樣處理三個課題：馬克思主義、道家和十字架的道路。雖然這三者似乎是矛盾的生活方式，但梅頓卻顯示出它們之間的張力怎樣通向更深刻的真理。

我對這些事情的思想雖然植根於梅頓，但也源自我的思考。我希望我不會與這位修士説的話相矛盾。但如果有的話，願弔詭充充足足地常在！

馬克思主義的道路

梅頓對馬克思主義的興趣很可能來自幾個根源。他懷著拒絕世界的情緒進入修道院，但他很快便學懂了去愛世界。這愛令他繼續知道甚麼令世界滴答跳動，而在梅頓的時代，馬克思主義是那發條裝置的重要部分。很多基督徒視馬克思（Karl Marx）為敵基督，這個事實無疑吸引好像梅頓這種異見者：他喜歡探討一切事物的「另一面」，特別是如果那另一面有可能刺穿基督教的虛假虔誠。梅頓也肯定受到馬克思的生平和思想中的矛盾吸引，正如梅頓在一段同樣深刻地反映馬克思和這位修士自己的文字中指出：

> 馬克思不會為生計而工作，也不會為金錢而寫作。但他卻找恩格斯（Friedrich Engels）為他寫文章，然後將文章賣給紐約《論壇報》（*Tribune*）。恩格斯實際上在英國供養馬克思：他是他父親在曼徹斯特的資本公司的其中一個老闆。從這些矛盾中產生令人振奮的異化理論和勞工的人道主義理論……我們應該因此而不相信馬克思所說的一切嗎？不，因為他十分擅於診斷。他看到現代人的疾病，他們被物質和金錢，以及機器統治……無論怎樣，過分言過其實地判斷馬克思生平中的內在矛盾是沒有道理的。所有人，特別是有天分的人，都傾向不一致。他們與不一致搏鬥，並設法富創意地尋找出路和解決方法。但馬克思的重要之處是：他的社會分析對不一致十分敏銳，而他很快看到每個意識形態、每個社會結構中隱藏著的矛盾。[5]

根據馬克思（他借自黑格爾〔Georg W. F. Hegel〕），矛盾是歷史的引擎、歷史運動的來源。這個過程稱為辯證（dialectic），並經歷三個階段。在任何時刻，歷史由「正題」（thesis）——或者事物的主導狀態——主宰。但或早或晚會形成對正題的對立，這對立稱為「反題」（antithesis）。從這張力中又會出現新的和更高的狀態，稱為「合題」（synthesis）。但合題會變成正題，新的矛盾會出現，辯證的好戲將繼續下去。

馬克思相信辯證總圍繞經濟因素發展，經濟因素是模塑和改變人類生活的惟一真正力量。推動歷史的矛盾源自人們與經濟權力和特權中心之間那些不同、不平等的關係。在現代時期，在資本主義之下，基本的矛盾很容易描述：少數人是擁有者，他們控制著經濟力量；而大部分人是工人，由經濟力量控制著。很多男男女女受到剝削，工作辛勞，工資微薄；這讓少數人可以不因為自己的努力或德行而變得太過富有。馬克思相信這個矛盾最終會演變成衝突，工人會在大革命中起來對抗擁有者。這正題和反題的碰撞帶來的結果是一個新的合題：無產階級的社會，在其中每個人各盡所能，各取所需，經濟的不公義因而被消除。

馬克思在指出宗教在這一切當中所扮演的角色時，直言不諱：「宗教是人民的鴉片。」馬克思提出，宗教只是將經濟的不公義合理化，為富有和貧窮的人之間的差別辯護。有錢人相信上帝因為他們的優點而賜福他們，而窮人困苦則是罪有應得。窮人相信上帝應許他們在這個世界以外有更美好的生命，「在你死後會有幸福」。馬克思認為，宗教沒有能力帶來公義，只有能力麻醉人心，令他們接受不公義的現狀。

表面看來，馬克思主義和基督教似乎是兩個南轅北轍的信仰系統。但矛盾傾向在大圓圈中彼此朝不同方向走，但最終卻再次走在一起。梅頓看到馬克思主義和基督教雖然源自對現實的本質非常不同的假設，在某些方面卻走在一起。雖然馬克思主義否認聖靈的真實和能力，但它卻提醒我們基督教的某些方面，是基督徒經常忘記、並且已經養成了壞習慣的。

例如：馬克思主義和基督教在「宗教是人民的鴉片」這個觀念上會合，如果宗教是指它的智性和建制形式的話。耶穌、先知和很多密契主義者嘗試針對他們時代那種僵化的信仰形式，為對上帝的活生生的經驗發聲，而潘霍華也提倡「沒有宗教的基督教」（religionless Christianity）。每一個真正的宗教領袖的盼望是：打破人們對僵化的信仰形式的沉迷，帶領他們倚靠活生生的上帝。因此馬克思對宗教建制和智性形式的批評該是每個宗教傑出人物所嫻熟的。

馬克思主義和基督教也在關注窮人的困境中會合。當然，這個宣稱不能由注視美國富裕的主流宗教生活得到支持。這是一個經典的說明，顯示宗教怎樣麻痺人心，熄滅我們對窮人的愛，而這愛正是耶穌事奉的核心。在這個意義上，馬克思是對的：我們利用宗教合理化自己，很多美國中產的宗教是設計來容許他們在明顯的經濟不公義中自滿地生活的。

但如果我們回到源頭，以清醒的眼光讀新約聖經，便會看見經濟公義和救恩是不可分割地連在一起的：「你們貧窮的人有福了，因為上帝的國是你們的」（路六20）；「駱駝穿過針的眼，比財主進上帝的國還容易呢」（太十九24）。如果這些不是主日早上最常引述的經文，那並不是因為它們並非佔據著耶穌對事物的看法的中心位置。

馬克思主義和基督教的第三個會合在於無產階級社會這個觀念。使徒行傳有一段經文描述五旬節的教會，這個羣體其中的每個人都各盡所能，各取所需：「信的人都在一處，凡物公用，並且賣了田產、家業，照各人所需用的分給各人。」（徒二44～45）根據初期基督教的理解，教會是要作為將來事物的先驅；在那個世界，所有人都會關心所有人。因此馬克思主義和基督教的**盼望**是如此相似，前者將盼望寄託在無產階級的社會，後者則將盼望寄託在上帝在地上的國。消除經濟不公義不是上帝國的惟一記號，但卻是重要的記號。

馬克思主義和基督教的第四個會合支持著其他三個會合：兩者都主張我們受到「虛假的意識」——即對我們的來源和命運的虛假理解——奴役。兩者的目的都是粉碎那虛假的意識，讓我們可以認識真理，而真理會使我們得自由。馬克思譴責經濟權力奴役我們，宣告革命的階級鬥爭是通往解放之路。耶穌譴責罪——包括它的經濟形式——奴役我們，並宣告我們順從上帝的公義、憐憫和愛時便會得到解放。當然，這些診斷有著重大的差異，但它們在矛盾中有一個共同的主題：馬克思主義和基督教都想粉碎我們的幻象，揭示我們的真正狀況，給我們充權，以贏得解放。

藉著容許基督教和馬克思主義創造它們自己的辯證關係，梅頓能夠對修道生活建立一種批判的視角——這種視角以基督教傳統所容許的原則為前設，而馬克思主義則幫助他校正這些原則。這就是弔詭的力量：表面上陌生的觀點，可以提醒我們記起我們自己的內在真理！我想在這裏探討梅頓對修道主義的批評，因為它適用於所有在屬靈旅途中的人，無論我們是修士與否。

梅頓從馬克思主義擷取、並向修士提出的挑戰，可以用幾個字來總結：「證成你自己！」（justify yourself）——如果你好像梅頓那樣相信，相信我們只由恩典所證成，「證成你自己」這句話本身便是弔詭的。在向見習修士發表的其中一次演講中，梅頓提醒準修士：每次他們吃東西時，他們的存在都是倚靠別人勞動的。[6]即使「離開了世界」的修士也並非真正地脱離了世界——只要他需要進食，他便受惠於世界的勞動。問題是，我們怎樣確保我們的倚靠不是單方面和具剝削性的？我們怎樣在公平交易中生活，讓我們的消耗與我們的產出平衡？我們的屬靈勞動怎樣對提供我們食物的人有用，正如他們的勞動對我們有用一樣？

對那些相信我們的屬靈生命——我們與上帝的關係——本身就是目的，不需要外在的證成的人來説，這些問題可能令人感到生氣。這種想法是真實的，但這只是弔詭的一極！因為同樣真實的是「憑著他們的果子就可以認出他們來」（太七 20）。令我們的屬靈旅程結出果子，這個挑戰在今天似乎特別重要，因為很多被視為靈性的東西其實都是自戀、自我和自我沉溺。你——和我——的屬靈生命有甚麼果子？

梅頓對這個問題的回應，反映了他超越正題和反題的能力。如果他要運用馬克思的模式證成修道生活，他需要勸修士生產有用的貨品。但梅頓往往挑剔修道院的賺錢事業（「給耶穌多一點芝士！」是其中一句他喜歡說的諷刺話）；他並不走這條路。相反，他提出修道院必須藉著「生產人」來回報世界的勞動，而這個責任肯定適用於每一種屬靈追求的形式。

「生產人」是甚麼意思？對梅頓來說，答案很簡單：它表示建立愛的能力；如何切實地校正和深化這種能力，是艱巨的工作。梅頓用心的比喻來向見習修士表明這點：

> 如果我愛上帝，我需要以我的心來愛祂。如果我要以我的心愛祂，我需要有一顆心，我也需要擁有這顆心才能夠將它獻出。今天，生命中其中一件最困難的事情是擁有自己的心，並能夠將它獻出。我們沒有心可以獻出。我們的這些東西被奪去了，而屬靈生命的第一步是取回我們需要獻出的東西。[7]

在這裏，梅頓隱然地顯示出馬克思主義和基督教的一種深刻和必須的會合。馬克思提到勞動力的異化，梅頓則提到我們心的異化。馬克思提出資本主義奪去了人們工作的意義和回報，梅頓則提出現代生活奪去了我們的心。梅頓在死前一兩小時發表的最後演講中這樣說：

> 異化這個觀念基本上是馬克思的，它的意思是：在某種經濟條件下生活的人，不再擁有自己生命的成果。他的生命不屬於他。他根據別人所決定的條件而活。我會說，這特定的一點，於早期的馬克思是十分重要的，而基本上它是一個基督教的觀念。基督教反對異化。基督教對抗異化的生命。整本新約聖經實際上是在抗拒宗教的異化——新約聖經可以用馬克思主義的思想來這樣解讀。[8]

我們的心被奪去是甚麼意思？首先，它表示我們感到與別人聯繫、參與別人生命的能力從我們身上被偷走，因為我們是要透過我們的心，去感受與弟兄姊妹的團結的。這是現代一種常見的疾病，一種無力同情陌生人的疾病。

無論馬克思在哪方面失敗，他都十分同情窮人，這種同理心是耶穌要求的。祂說：「這些事你們既做在我這弟兄中一個最小的身上，就是做在我身上了。」（太二十五40）但現代生活的環境令很多人的心都變硬了。我們似乎不會因為數以百萬計的兒童捱餓、數以百萬計的父母無力供養他們而心碎。我們個體化的生活方式令我們感到孤獨和與別人無關；我們競爭的生活方式把我們的損人利己行為合理化。

梅頓是對的：我們並不擁有我們的心。自我保護和自我提升的推動力，以及為這些目的服務的建制力量將我們的心奪去。如果我們要獻出我們的心，我們必須將心取回，而這是屬靈生命的首要任務。馬克思主義是如此的陌生，對很多基督徒來說它似乎是無情的，但它卻提醒梅頓，我們必須取回我們的心！這就是矛盾深化成弔詭時的本質。

但擁有我們的心不單指我們能夠感受。心是我們整個存有的比喻，我們必須把感受化為行動，代表蒙愛的羣體工作。在這裏，梅頓和基督教傳統再次與馬克思分道揚鑣，馬克思倚靠暴力推翻現有政權。馬克思相信歷史的矛盾無可避免地會引發暴力，只有當受壓迫的人向施壓者宣戰時，無產階級社會才會來到。

有另一個改變社會的理論，和馬克思一樣正視歷史的矛盾，但卻提出一個很不一樣的行動方向。非暴力理論，以這個觀念為前設：在每個衝突背後都有一個解決方法、一個合題、一個共同利益，是會因暴力而消失，卻可以藉耐性、對話及禱告帶來的。由於敵對的雙方通常都沒有心情禱告，非暴力調停者的工作是站在敵對雙方中間，以其態度和行動作為賜生命的改變（life-giving change）的一個活生生的嚮導。調停者正「活出那矛盾」。

梅頓委身於非暴力；我想探討非暴力在他生命中的其中一個根源。而這會揭示出模塑梅頓另一多重和重疊的弔詭思想。從「無情」的馬克思主義——梅頓時代其中一個主要的社會行動理論——梅頓得到的教訓不是關於行動、而是關於心的事情。為了理解甚麼是正確的行動，梅頓引用了道家——這是中國其中一個古老宗教和思想，人們普遍（和錯誤地）將它理解為提倡從世界引退，被動地接受一切給定的（given）。可是在梅頓的思想中，弔詭是不能窮盡的！

莊子的道路

無為在中文用來指「非行動」（nonaction），它經常在《莊子》這本道家經典中出現，梅頓很喜歡這本書，並幫助將它翻譯成英語。這個詞不是西方人會用來探討社會行動的用語，但它存在，且是榮耀的弔詭！莊子是生活在公元前四世紀的道家思想巨擘，他的一段話讓我們看到在這傳統中怎樣使用**無為**這個觀念：

> 魚相造乎水，人相造乎道。相造乎水者，穿池而養給；相造乎道者，無事而生定。故曰：魚相忘乎江湖，人相忘乎道術。[9]

表面看來，這段話似乎是勸導人回到母腹，為了個人的快樂而從社會的困難和壓力中隱退。它聽起來好像非常自戀，似乎與馬克思投入社會的衝勁有矛盾。如果我們要看到這矛盾怎樣變成弔詭，從而明白為甚麼梅頓那麼受這東方思想和宗教經驗吸引，我們首先必須明白梅頓對社會行動的普遍定義和實踐有甚麼批評。

梅頓成為社會行動者的主保聖人，因為他清楚向他們的情境說話。他明白渴望加快所謂「至愛社羣」（Beloved Community）的來臨是甚麼意思：

斯蒂爾（Douglas Steere）非常敏銳地指出，以非暴力方式爭取和平的理想主義者，很容易屈從於當代暴力一種扭曲了的形式：激進主義和工作過勞。現代生活的匆忙和壓力是內在暴力的一種形式，或許是最常見的形式。容許自己被很多互相衝突的關注牽引，降服於太多要求之下，委身於太多計劃，想在一切事情中幫助每一個人，就是屈從於暴力。不單這樣，那是與暴力合作。激進分子的瘋狂將他致力和平的工作抵消。它消滅他內在帶來和平的能力。它消滅他工作的果效，因為它殺死令工作有成果的內在智慧根源。[10]

留意梅頓不單因為激進主義使行動主義者付上高昂的代價而感到困擾。他也關心社會為一種被證實是偽裝的暴力的社會行動付上了甚麼代價。在一篇題為〈在行動的世界中默觀〉（"Contemplation in a World of Action"）的文章中，他清楚表明這點：

企圖為別人或世界行動或做事，而又不加深其自我理解、自由、正直和愛的能力的人，不會有任何東西獻給別人。他向別人傳達的只是他的沉

> 迷、他的侵略性、他以自我為中心的野心、他對目的和手段的妄想、他空談理論的偏見和觀念。在現代世界，沒有甚麼比誤用權力和行動更可悲的事——而這是受到人自己浮士德式的誤解和誤會所唆使的。[11]

那些「浮士德式的誤解和誤會」是問題的癥結，而道家的目的是將它們根除。社會行動需要權力，但每當人類接近權力，麻煩便會出現。我們以為我們想擁有權力，作為達到其他目的的手段，但擁有權力本身已傾向成為目的。我們以為我們想擁有權力，好為共同利益服務；但我們卻受到試探，把它變成以自我宣傳和自我提升為目的。這些傾向不單令我們的行動偏離原本的目標，更往往帶來引發反效果的行動。道家批判和辨清我們的行動，剖示我們對權力觀念的妄想，從而引導我們與真正的權力建立正確的關係。只有順應道（Tao, the Way）——上帝的非暴力旨意——我們才能盼望為地上帶來和平。

莊子的一段話——《達生》——說明我們對權力的幻象怎樣打敗我們出於好意的行動：

> 以瓦注者巧，以鉤注者憚，以黃金注者殙。其巧一也，而有所矜，則重外也。凡外重者內拙。[12]

這段話不是教導人們不要追求勝利——而是弔詭地教導人們怎樣勝利！它說達至勝利的惟一方式就是忘

記勝利。道家告訴我們不要關心，並非表示我們對周圍的眾多需要表現得漠不關心，而是不該讓我們的慾望，也就是滿足這些需要的慾望，耗盡了我們行動的力量。每一個深思的行動主義者都知道，對成功的慾望和對失敗的恐懼，可以怎樣扭曲我們的行動，甚至帶來虛謊，令我們滿足於**表面**的勝利，而不是堅持深刻和持久的改變。當我們被困在勝利和失敗的二元性之中時，便被虛假的權力佔有。

我認為「只有藉著忘記勝利才能勝利」這弔詭，正是基督教的入門課程。與耶穌的教導相比——得著生命的，將要失喪生命；為上帝失喪生命的，將要得著生命——這個教訓更早了四個世紀。道家將我們推得更遠，堅持我們的行動必須不單超越勝利和失敗，也要超越善良和邪惡的兩極性。

西方或許會感到被冒犯；我們想說的是：弔詭在這裏走得太遠了！當然，要推動我們做正確的事，或者要用甚麼規範來判斷我們的行動，這必定是倫理學的——分辨對錯。鈴木大拙就基督教對禪宗的回應所說的話，也適用於我們對道家的回應：

> 談及超越善惡、對錯、生死、真假的禪師很可能會惹人懷疑。「社會價值觀」這觀念深入西方思想，緊密地聯繫到宗教，以致西方認為宗教和倫理學是同一回事，並且宗教不能將倫理學視作等閒。[13]

但宗教和倫理學不同。事實上，我們可以說宗教式微時倫理學便興起。

道家提醒我們，真正的宗教是一種與生命隱藏的整全聯繫的方式。我們得著聯繫時，我們的行動便最有可能回應整全的需要。只有在我們失去彼此的聯繫時，我們才需要一種行為守則去告訴我們應該怎樣做。生命變得破碎時，我們彼此間的有機回應便被「應該」取代。最終，這些「應該」變成一個抽象的思想系統，遠離了人的需要，變成了需要為之辯護的教義，而不是需要活出的關係。

倫理學以外的生命不是放任的生命，不是否定道德規範。相反，活出真正得著聯繫的生命是最高層次的屬靈操練，是正確行動和真正能力的來源。我認為默理（John Middleton Murry）說得好：「讓善良的人明白整全比善良更好，是進窄門，走小路；與這相比，他以前的正直是華麗的放縱。」[14]

莊子的好些話都在描述有「良好關係網」（well-connected）的生命，道透過這樣的生命不受妨礙地流入富創意的活動之中。我喜歡的一段話是《梓慶削木為鐻》：

> 梓慶削木為鐻，鐻成，見者驚猶鬼神。魯侯見而問焉，曰：「子何術以為焉？」對曰：「臣工人，何術之有！雖然，有一焉。臣將為鐻，未嘗敢以耗氣也，必齊以靜心。齊三日，而不敢懷慶賞爵祿；齊五日，不敢懷非譽巧拙；齊七日，輒然忘吾有四枝形體也。當是時也，無公朝，其巧專而

外骨消；然後入山林，觀天性；形軀至矣，然後成見鐻，然後加手焉；不然則已。則以天合天，器之所以疑神者，其是與！」[15]

對我來說，這段話對行動有無比豐富的含義。讓我提出其中幾個。首先，正如梅頓指出，木雕藝人「不根據某些固定的規則和外在的標準行事」。[16] 在我們的時代，由方法和技巧主導的時代，這近乎異端！但實際上，我們知道在任何領域成為大師都要超越規則和方法，正如真正的回應性行動超越行為守則一樣。最終，藝術家不是跟從規則，而是跟從精神，內在的心流，和手上那東西的本質。這是偉大之道，無論我們談及的是木雕、音樂或人際關係：那都是基於行動者和他者的相互性，而不是操作手冊。

第二，弔詭的是，正確行動要求的相互性並不是「自然而然的」，它只能夠透過操練實現。木雕藝人在開始工作前齋戒並不是偶然的：齋戒代表所有操練，我們藉以實現（用梅頓的話）「抽離、忘記結果和放棄有所得的期望」。[17] 只有藉著這些方法，我們才能夠超越那些關於自我和成功的焦慮，這些焦慮扭曲了世上的工作。只有藉著這些方法，我們才能辨別問題——即與我們的行動相關的事物或人——的內在本質。

第三，木雕藝人式的行動要求一個信念，就是相信萬物和所有人都有其「本性」，也就是有其限制和潛能。這個信念對現代西方世界的我們來說是陌生的。我們的文化強調萬物——由樹木到人——都有無限可塑性的，可以改變成任何我們希望它們成為的模樣。今天，鐘座會由最符合成本效益的樹木造成，而且會用機器大量生產。如果我們想改變我們人類的模樣，無論是身體、心理或靈性，都有技術承諾可以這樣做。我認為，大部分當代社會行動都是建基於這個假設：人們可以轉化成社會行動者所認為事物「應有」的模樣。只需要看一看我們錯誤地在越南作戰這種激進主義。

木雕藝人的信息明顯不同。在這裏，真正的行動，一個充滿恩典、美麗及真實的結果的行動，是建基於辨別和尊重他者的本質。理由十分簡單：只有透過這種與四周現實的關係，我們的行動才能夠與道的行動一起流動。只有這樣我們才能夠成為讓真正的能力流通的管道。

噢，我們可以以任何我們希望的方式製造鐘座。我們可以在樹林中亂砍，不理會木的本質。我們可以製造一個可以承托鐘的座，而毫不理會道。但這樣世界和自己便要付出很大代價。我們誤用和濫用樹林時，不單危害自己的生存，也奪去自己生命的質素。我們的很多社會行動也是這樣，這些行動不尊重他者的本質，這些行動單倚靠人的力量，被人的驕傲扭曲。透過道家，梅頓學到另一個行動的比喻。那是我們在我們這個緊張、瘋狂、暴力的時代需要知道的。

雖然道家的假設和梅頓的基督教頗為不同，也似乎在重要的地方違背基督教的傳統（例如它貶低倫理學），但我們愈深地追求那些矛盾，那弔詭便變得愈清晰。因為道家的行動比喻和新約的比喻有很多相似之處。成功是透過不擔心成功達至，與我們藉著捨棄生命而得到生命這個觀念是一致的。我們行事不該害怕後果，這個觀念與「不要為明天憂慮」（太六 34）這個勸告對應。我們必須倒空自己，成為道的器皿，這個觀念呼應著放棄所有世俗權力——「反倒虛己」，「存心順服，以至於死，且死在十字架上」（腓二 7、8）——藉此讓上帝的能力可以透過祂顯明出來。

但矛盾仍然存在，十字架提醒我們箇中原因。得道的男男女女總被描述為「隱」（invisible），不引人注意，也不遇到對抗。用一段話來説，那就是：

> 方舟而濟於河，有虛船來觸舟，雖有惼心之人不怒。[18]

但在基督教傳統中，體現上帝的真理的那一位最終走上十字架。根據基督教的觀點，反對、傷害和出賣是「向權力説出真理」的潛在後果——這是另一個矛盾，對梅頓的生命是如此關鍵。無論梅頓的思想帶他到哪裏——走過馬克思主義、道家和任何其他地方——十字架仍然是他主要的符號和現實。

十字架的道路

首先，十字架是歷史事實。這樣，它提醒我們在歷史中其中的一個主要矛盾。在整個人類故事中，男男女女都渴望真理和良善能觸及他們的生命。但當真理和良善以人類的樣式在我們中間出現時，我們有時感到受威脅，以致我們要殺死實現我們願望的那一位。

十字架也是矛盾的象徵，它的結構暗示了生命的對立性。當橫向的木伸向左右時，十字架代表我們被生命「橫向」層面裏的那些互相矛盾的要求和責任拉扯著。當縱向的部分向上下伸展時，十字架代表我們向生命那個面向伸展，在天地之間受到拉扯。走十字架的路就是被對立和矛盾、張力和衝突撕裂。

但十字架的道路也是朝向和平的路徑，這由十字架的兩根木條所交匯的地方來象徵。對基督徒來說，十字架談及最大的弔詭是：為了活著，我們需要死。走十字架的路，容許個人的生命被矛盾撕裂，被弔詭吞噬，就是在復活的盼望中，在約拿的徵兆中生活。對基督徒來說，那交匯點是轉化的地方。

與我一樣，梅頓從馬克思和莊子的道路中所得到的洞見，是由十字架的道路所轉化的。從他與馬克思主義的相遇，梅頓得到一個弔詭的提醒：基督徒必須重拾他們異化了的心，才能夠將心獻出。雖然馬克思主義包含物質主義和無神論，但它卻是以深刻地同情世界的困境來開始，這種敏鋭是富裕的基督教圈子很大程度上已失落了的。我們害怕恢復我們的心，害怕我們會感受到太多痛苦，被痛苦懾服。關於耶穌，我們可能説一些好話，但我們害怕祂的榜樣，害怕這個「多受痛苦，常經憂患」的人（賽五十三3）。

馬克思主義的問題不是它不能感受痛苦，而是它沒有辦法將痛苦轉化成賜生命的力量。相反，馬克思主義容許痛苦走它自然的路，變成憤怒、暴力和更多痛苦。未經緩和及減輕的苦難，只有一個結果：更多苦難。它可能在受苦的人裏面倍增，或者那人在徒勞地嘗試找到解脫時將苦難傳給別人。苦難的自然經濟學要求通貨不斷膨脹下去。

馬克思給受苦的社會的處方是要求暴力革命，接著是無產階級「專政」。不知怎地，他假設這些步驟會帶來平等及和平的社會。但我們知道痛苦只會持續。我們沒有理由相信由暴力和專政帶來的改變，會預示暴力和專政以外的事情。在最好時，馬克思主義的革命可能令施壓迫者和受壓迫者交換角色，但這只是可怕的公義。馬克思主義沒有提供任何方法將痛苦轉化為和平。

對比起來，十字架說：「就讓痛苦停在這裏。」十字架的道路是吸收痛苦、而不是傳遞痛苦的道路。這道路將痛苦由具破壞力的衝動，轉化為富創造力的力量。當耶穌接受十字架時，祂的死亡為愛的救贖力量打開一條通道。當我們接受我們生命中的十字架和矛盾時，我們容許同樣的力量流過。當我們將自己的心獻給世界時，我們的心會破碎——破開而成為比我們自己的愛更大的愛的通道。只有在痛苦被愛轉化時，真正的革命才會來到，而這個真正的革命，應許帶領我們去到「和平的國度」。

人們往往將十字架的道路誤解為受虐狂，特別是在那麼拼命追求快樂的時代。但耶穌所說的苦難，不是人感到不爽而為自己製造出來的苦難。相反，它是已經在世界存在的苦難，我們要麼認同它，要麼就否認它。如果痛苦並不真實，如果它不是那麼多人的命運，十字架的道路會是病態的。但在我們的世界——有數以百萬計的人捱餓、無家可歸和沒有盼望——彷彿沒有痛苦的生活才是病態的。十字架的道路表示容許痛苦將個人的生命模塑成一條流通的管道，讓聖靈醫治的溪流可以流到有需要的世界。

溪流的比喻令人想起道家——「水之道」——它的目標和基督教一樣：將我們的話、行動和存有帶到超乎萬名的能力之流中。但道家似乎説，一旦我們進入那溪流，我們便能輕易地沿著它漂浮；而基督教則強調那溪流充滿障礙、激流和危險，聖靈的流動會帶我們到十字架去。

但基督徒也相信，聖靈的溪流會帶我們超越十字架，十字架的道路最終是喜樂的道路。如果耶穌是「多受痛苦，常經憂患」，祂也是説「我的軛是容易的，我的擔子是輕省的」的那一位（太十一 30）。我們在十字架上失去的，不是我們的生命，而是我們虛假和幻象的擔子；超越十字架的生命，卻激勵著愛的力量。十字架的弔詭處是：「死亡是至高的」這個幻象死去；我們自己的交匯點的弔詭處是：痛苦殺死幻象，讓真理可以帶來喜樂。

十字架的道路提醒我們，絕望和理想破滅不是絕路，而是即將來臨的復活記號。失去我們的幻象是痛苦的，因為幻象是我們藉以生存的憑藉。但上帝是偉大的搗毀聖像者，祂不斷打碎我們所倚靠的偶像。在幻象以外有更圓滿的真理。只有在我們的虛假死去時，我們才能一瞥這真理。我們滿有信心地在這些痛苦的矛盾中生活時，便會經歷復活和生命的轉化。

梅頓經常談到，如果我們要成為聖靈流通的管道，就必須讓兩種幻象死在十字架上。第一種是「虛假的自我」，這個自我將我們和上帝分開、將我們和其他人分開。這是充滿驕傲和虛偽的自我，自我嘗試為了自己的好處而控制生命。自我想藉著忽略或否認來解決所有矛盾，自我希望不用模稜兩可或痛苦地生活。這是自我的偶像崇拜，以為自己是上帝，想按自己的形象創造世界。如果我們要真正活著，這個虛假的自我必須死去——但由於有很長的時間，它都是我們惟一認識的自我，我們掙扎著要保存它，而只有在被痛苦淹沒時才願意失去它。

在這裏，正如在任何地方一樣，我們看到了弔詭！我們必須有一個自我的意識，才能讓我們失去自我。每個人似乎都需要建立虛假的自我感覺，一種與別人不同的感覺，而且讓它成為「隱藏的整全」的一部分，這樣，屬靈掙扎才能夠開始。更深刻的弔詭是，直到虛假的自我死去，真正的自我才會出現。自我的破壞並不表示失去人格。其虛假的自我遭粉碎的那個人，不是無面目的符碼或真品的蒼白模仿。相反，這是一個人，在其中生命的所有溪流——包括人性和神聖的溪流——湧流著。

必須在十字架上死去的第二個幻象是我們對世界的虛假觀念。兩個幻象是相關的，因為大部分虛假的自我，都是圍繞著我們就「世界」對我們有甚麼期望和要求而建立起來的。梅頓對我們如何看世界特別敏感，因為他看見修道院吸引了被世界拒絕的人。他努力對抗視世界為邪惡、視屬靈生命為純潔的試探，並強調我們要活在那些矛盾中，並發現背後的弔詭。

在一次向見習修士的演講中，梅頓責備他們以為世界是獨立存在的東西，是「外面」(out there)的事物，能夠對他們的生命施加要求和制約。[19]他說，到修道院藉以逃避這樣設想的世界是錯誤的，因為這個觀念是虛假的。梅頓強調，世界並不始於修道院的門樓，它在我們每個人**裏面**(within)。只有當我們同意那幻象是真實的，並且讓它管理我們的生命時，世界才會是「外面」的力量，限制和分散我們的精力。

同樣，活出矛盾的痛苦，部分是出於幻象破碎了的痛苦。我們之所以建構幻象，視「外面」的世界如此有能力，因為它令我們找到開脱：「是世界令我這樣做。」生命的矛盾向我們顯示世界實際上是怎樣**內在**(internal)之時，我們不願意放棄我們的藉口。相信世界是推動我們的外在力量，比接受我們有自由完全回應上帝的旨意這事實，更能夠給人安慰。

説到底，十字架就是關於自由的。在張力後、在苦難後、在死亡後、在復活後來到的是自由。正如梅頓曾經指出：「十字架是……脱離那被包裝成『世界』出售的幻象的奴役……的惟一方法。」[20]十字架釋放我們脱離一個觀念：世界在「外面」，在我們之上，並攻擊我們；十字架的經驗表明世界在我們裏面，也包括了它的榮耀和羞辱。

因此我們可以在梅頓的話中看到真理。他說：「世界是關乎詮釋，而不是好像磚建築那樣絕對的東西。世界不是我們要適應的東西。它是讓我們調校的東西。」[21]由於世界在我們裏面，我們要為世界負責——世界的模樣有賴我們怎樣活出自己的生命。十字架帶來自由，隨著這自由而來的是責任，是「回應」公義的要求的「能力」。

十字架的解放走得更遠。我們不單脫離幻象和有自由作回應，我們也得到釋放，知道世界是由與我們一起忍受矛盾的上帝所救贖的。只要我們視世界為未經救贖的，我們便會想救贖它。眾所周知，這不可能的期望的結果是——挫敗、憤怒、無能、罪咎和絕望。但在十字架的光照下，我們可以以新的方式看待世界和自己。因為上帝已經在這裏作工，忍受破碎，但卻時常獻出和好的禮物。藉著接受我們自己生命中的十字架，我們會被帶進那神聖工作的溪流，得著盼望。

因此，以弔詭的方式，我們繞了一圈。藉著活出那些矛盾，我們會有盼望，並在盼望中我們會得到力量，活出生命中的矛盾。我們怎樣才能闖進這個不斷旋轉、沒有明顯入口的圓圈？有一天，在海的遠處，離開上帝呼召我們的地方並迷失在矛盾中，我們會被恩典吞噬，從而發現自己——和約拿、梅頓及所有聖徒一起——在弔詭的肚腹中朝向我們的命運走去。

註釋：

1. Thomas Merton, *The Sign of Jonas*（New York: Harcourt, 1953）, 11.
2. Thomas P. McDonnell, ed., *Thomas Merton: A Thomas Merton Reader*（Garden City, N.Y.: Image Books, 1974）, 16.
3. 普濟：《五燈會元》。英文原書引自 Thomas Merton, *Zen and the Birds of Appetite*（New York: New Directions, 1968）, 140。
4. "Magic Penny"（also known as "Love Is Something"）, words and music by Malvina Reynolds, copyright © 1955 and 1986 Northern Music Corporation, renewed in 1986.
5. Thomas Merton, *Conjectures of a Guilty Bystander*（New York:

Doubleday, 1966), 12～13.

6. Thomas Merton, "Conscience of a Christian Monk," audiotape (Chappaqua, N.Y.: Electronic Paperbacks, 1972).
7. Merton, "Conscience of a Christian Monk."
8. Thomas Merton, *The Asian Journal* (New York: New Directions, 1973), 335～336.
9. 莊子：《內篇．大宗師》。英文原書引自 Thomas Merton, *The Way of Chuang Tzu* (New York: New Directions, 1969), 65。
10. Merton, *Conjectures of a Guilty Bystander*, 73.
11. Thomas Merton, *Contemplation in a World of Action* (New York: Doubleday, 1971), 164.
12. 莊子：《外篇．達生》。英文原書引自 Merton, *The Way of Chuang Tzu*, 107。
13. Merton, *Zen and the Birds of Appetite*, 103～104.
14. 摘自 Elizabeth Watson, *This I Know Experimentally* (Philadelphia: Friends General Conference, 1977), 16。
15. 莊子：《外篇．達生》。英文原書引自 Merton, *The Way of Chuang Tzu*, 110～111。
16. Merton, *The Way of Chuang Tzu*, 31.
17. Merton, *The Way of Chuang Tzu*, 31.
18. 莊子：《外篇．山木》。英文原書引自 Merton, *The Way of Chuang Tzu*, 114。
19. Merton, "Conscience of a Christian Monk."
20. Merton, "Conscience of a Christian Monk."
21. Merton, "Conscience of a Christian Monk."

第二章
十字架苦路

在天主教徒中，有一個關於「十字架苦路」的古老傳統，當中每一站都對應耶穌釘十字架旅程的一個關鍵點。你在教區的教堂通道會看到這些苦路站刻劃在木刻或染色玻璃上。在這裏，忠心的人走過，停下來，禱告，記念基督的犧牲，向每一站所代表的特別洞見敞開心扉。有一個站是耶穌在那裏跌倒的，在那裏古利奈人西門替耶穌背十字架；還有一個站是耶穌遇到祂母親的；也有耶穌被釘十字架的一站。對那些有眼看、有耳聽的人來説，每一站都充滿著徵兆和能力。

我感到有另一系列的十字架苦路站，這些苦路站不是代表外在旅程的停留，而是代表我們活出由死亡到復活的生命之時那些內在運動的時刻。我想談及五個來自我個人內在經驗的類似時刻。我稱它們為識別、抵抗、接納、肯定和釋放。

當然，十字架這內在的路徑不總是以這個次序進行。我們經過五個站後，旅程仍未完結：它會一再重複。無論我們承認與否，這個過程都在我們的生命中繼續；談論它，既不會令我們能躲過它，也不會令它變得更容易。但藉著談論這些內在的十字架苦路站，我們可以留意我們正在走的路，學習我們需要學習的，以及在對旅程的終點的信心和盼望中成長。

識別

首先是識別（recognition）。十字架的呼召，讓我們意識到，人類經驗的核心既不是一致，又不是混亂，而是矛盾。在二十世紀，我們受一致（consistency）的宣稱欺騙，受歷史能解決所有困難的幻象欺騙，受來自沒有根據的樂觀的虛假盼望欺騙。當可悲的事件證明這宣稱是虛假時，我們受到混亂（chaos）的理論攻擊，受到絕望的先知攻擊；這些先知宣稱，一切都可化約為不受控的力量及無內在意義的事件的隨意作用。

但十字架象徵在天真的盼望和無意義的絕望以外，有一個動態矛盾（dynamic contradictions）的結構，而我們的生命正捲入其中。十字架代表世界對抗上帝的方式：我們渴望光明、真理和良善在我們中間出現，但當它們以人的形式來到時，世界變得恐懼，或許會殺死這活生生的光明、真理和良善。但十字架也代表上帝對抗世界的方式：無論世界多麼經常地說「不」，上帝總以永恆的「是」臨在，從黑暗中帶出光明，從絕望中帶出盼望，從死亡中帶出生命。

十字架的結構象徵著這些矛盾。它的手臂伸向左右和上下，象徵生命怎樣在人與人、人和神之間互相衝突的宣稱中拉扯著我們。但十字架的膀臂在中間交匯，象徵上帝可以怎樣在我們的生命中作工——克服衝突，對抗統一，抵制矛盾。十字架的呼召，讓我們意識到現實具十字形（cruciform）的形狀。

艾斯利（Loren Eiseley）講述一個故事，幫助我意識到並接受生命的矛盾。[1]這位偉大的自然主義者曾經花時間在一個名叫科斯特貝（Costabel）的海邊小鎮居住。他一生都受到失眠困擾，他清晨時會到海邊散步。每天日出時，他都發現鎮上的居民在沙中尋找前一晚被海浪沖上岸的海星，他們為了商業目的而將牠們殺死。對艾斯利來說，無論多麼微小，這都是世界對生命說「不」的象徵。

一天早上，艾斯利特別早出去，發覺海灘上有一個孤獨的身影。這個人也在收集海星，但每次他發現有海星活著，便將牠拾起，盡力拋到浪中，讓牠回到海洋。艾斯利發覺這個人日復一日，每天早上都履行這憐憫的任務，無論天氣怎樣。

艾斯利稱這人為「拋星者」。在感人的默想中，他寫到這個人和他黎明前的工作，怎樣與艾斯利所被教導的演化和適者生存相矛盾。在科斯特貝這個海灘，強者俯身去拯救而不是壓碎弱者。艾斯利想到，宇宙中是否有一位拋星者在工作，一位與死亡相矛盾的上帝，祂的本性（引用梅頓的話）是「憐憫中的憐憫中的憐憫」（mercy within mercy within mercy）?

這個故事對我來說意味深長。它提供一個上帝的形象，祂以前拋星，現在仍然拋星。它談到普通人可以怎樣參與上帝包容一切的憐憫。它提出一種召命，是我們每個人，在自己十字架的內在路徑中都可以接受的：識別、認出和高舉那些時刻、那些行動、那些人、那些故事，是與世界向生命說「不」的方式相矛盾的。

我之所以稱十字架的內在路徑的第一站為「識別」，就是這個意思。識別現實的十字形，就是看見世界不是大一統的，事情不是固定在一個地方上，上帝總是在我們中間和在我們裏面移動，跟反生命（antilife）的趨勢產生矛盾，無論那趨勢多麼強大。這些矛盾的數量可能不多，但不要緊。當我們意識到它們是如此超凡的實在（superior reality），並且當我們的生活方式令這實在顯明和豐盛時，它們便會發揮轉化的作用。世界充滿憎恨。但一旦你曾經蒙愛，你便可以活在那一刻的能力中，並令它倍增。

我喜歡想到基督徒是拋星者。我喜歡想到所有站在歷史岸邊的人，無論是否基督徒，都站著對抗潮流和浪潮，不怕被看為愚蠢，俯身肯定生命，無論它的形式是多麼微小和微不足道。對和平的委身，與戰爭的不住演化相比，是多麼脆弱；但藉著站在那愚蠢的位置，我們對抗著社會演化的路。藉著活出那矛盾，我們參與十字架的能力和盼望。

為那能力和盼望命名的其中一個方法，來自詩人里克爾（Rainer Maria Rilke）的經典著作《給青年詩人的信》（*Letters to a Young Poet*）。他寫的不是關於十字架，而是關於「活出那些問題」（living the questions）。但如果你將**問題**換成**矛盾**，正如我在這裏所做的那樣，里克爾會幫助我們明白一種動力，也就是擁抱十字形生活方式（cruciform way of life）的那種動力：

對你心中所有未解決的事情都要有耐性……嘗

試喜愛矛盾本身……現在不要尋求解決，那是不能得到的，因為你不能忍受它們；而重要的是忍受一切。現在活出那些矛盾。或許你會漸漸地，在沒有察覺的情況下，在遙遠的將來活進那解決之中。[2]

抵抗

十字架內在路徑的第二站是抵抗（resistance）。成為拋星者，對抗潮流並不容易。我們人類的本性很大程度上抗拒活出那些矛盾，想逃避來自兩極拉扯的張力。但由於現實是十字形的，逃避也是徒勞。例如：我討厭戰爭，但我繼續繳交戰爭稅，嘗試避免與當權者衝突。但在這逃避中，我落入另一種張力，陷入另一個十字架，受到我的信念和我無力將信念實行出來這兩股力量拉扯。

我相信我們對這些十字架的抵抗——實際上是我們對上帝旨意的抵抗——不是道德的失敗，而是現實十字形本質的另一面。如果我們這樣看它，我們的抵抗可以為生命添加能量。藉著不否認也不忽略那些張力，有意識地活在其中，我們更有機會向聖靈的能力開放。

我看見聖經將這能力清楚表明出來，特別是希伯來聖經。那些經文包含很多故事，講述人們抵抗上帝，與上帝爭論，嘗試欺騙或智勝上帝，違抗上帝的命令。我喜歡這一切，因為它將屬靈生命人性化，描述上帝願意和能夠進入人類的衝突中。我們在基督徒的敬虔中，是否經常視上帝為抽象的原則，是不能進入有血有肉的現實的？想一想吧，那是不折不扣的異端！藉著將踏實的希伯來聖潔變成希臘的抽象哲學，我們剝奪了自己生命的能量的一大來源，也就是與上帝動態的關係，是我們可以與之搏鬥，並好像雅各與天使搏鬥那樣的。

我相信上帝的旨意是要我將我整個人獻身於在地上締造和平。但我極力對抗這旨意！我極力與上帝討價還價，告訴祂我生命裏的其他需求也必須得到尊重：家庭、事業、有限的時間和精力，以及我對要全面回應那些有求於我的事所帶來的後果是謹慎恐懼的。

但當我活在這抵抗中——向自己和別人坦承它的存在時——我的生命便慢慢敞開。因害怕面對戰爭稅，我裏面產生了張力，但在張力中我向我可以為和平作見證的其他方法開放。我審視自己的家庭，並尋找活在和諧中的方法。我細究自己的事業，並尋找利用我的恩賜建立蒙愛的羣體的方法。我的抵抗本身——即我就自己**不能**做甚麼而與上帝爭論——令我發現我**可以**做甚麼來見證那光。

將我們的抵抗交託給十字架，還有另一個重要原因：有些十字架是虛假的，不是由上帝賜下的。它們是由冒失的世界加諸我們身上，並由我們不健康的部分所接受的。基督教傳統有太多受虐狂偽裝成十字架的道路的例子了。教會有很多人太容易屈從於應該對抗的不公義。因此，我們要面對一個難題：怎樣區分有效和無效的十字架、區分引向交匯點和引向荒蕪的十字架。

我不知道有任何抽象的原則可以區分這兩者。我知道的最佳試驗是我們所體現的抵抗。讓我們抵抗任何來到我們路上的十字架。成為對立的一端。活出矛盾。當我們這樣做，我們那些虛假的十字架便會剝落。但我們必須接受的、源自現實而不是幻象的十字架，會留在我們生命中間，向左右、上下拉扯，直到我們向我們真正的中心敞開——在這個中心我們會與上帝合而為一。

接納

首先是識別，然後是抵抗，現在是這十字架道路內在旅程的第三站：接納（acceptance）。我們很少人在屬靈上是那麼長進，以致會單純順服地接受所賜下的那些十字架，並以之為一種屬靈操練。因此抵抗十字架的另一個理由是：藉著抵抗，我們變得那麼疲累，那麼喪氣，精力耗盡和乏力爭鬥，以致留下來的惟一東西是接納！

接納在抵抗之後，這觀念在庫布勒—羅斯（Elisabeth Kübler-Ross）對死亡各個階段的研究中得到證實。[3]她描述垂死的人怎樣首先經過否認，然後是憤怒，再討價還價，然後是抑鬱，最後才去到接納。當然，否認、憤怒、討價還價和抑鬱都是抵抗的形式；我們不單在絕症患者身上看到，也幾乎在我們生命中的所有交涉（negotiation）中都看到。只有在我們窮盡了抵抗後，接納才會來到。

十字架的道路與庫布勒—羅斯的研究的平行之處，對我來說是很有影響力的，因為十字架的道路總是一種死亡的道路。在十字架上，我們虛假的倚靠得以揭示。在十字架上，我們的幻象被殺死。在十字架上，我們微小的自我死去，讓真正的自我，上帝賜下的自我，可以浮現。在十字架上，我們放棄我們控制一切的幻象，這幻象的死亡對接納是十分重要的。

最重要的是，十字架是無能（powerlessness）的地方。這處地方最終證明了我們微弱的能力不能改變生命的軌迹，就好像磁石不能將月亮拉下來一樣。這裏是自我的死去——堅持控制的自我，繼續嘗試將自己對秩序和公義的觀念強加給世界的自我。

但同樣地，十字架是一個矛盾的地方。因為十字架的無能——若是全然擁抱的話——會帶我們去到能力之處。這是基督教信仰的一大奧祕，由耶穌到馬丁・路德・金（Martin Luther King, Jr.），這是無能的大能的奧祕。這到底還是奧祕嗎？只要我專注於運用自己微弱的能力，上帝的能力便無法流過我。只要我走自己的路，我便不能活在上帝的道路的能力中。

保羅這樣談及在耶穌和我們自己被釘十字架之中的那種接納的時刻：「你們當以基督耶穌的心為心：他本有上帝的形象，不以自己與上帝同等為強奪的；反倒**虛己**，取了奴僕的形象，成為人的樣式；既有人的樣子，就自己卑微，存心順服，以至於死，且死在十字架上。」（腓二 5～8）

「倒空」（或「虛己」；emptiness）是描述接納的經驗的關鍵。我再次在庫布勒一羅斯的著作中找到肯定。她說在垂死的人中，接納的階段「不應被誤會為快樂的階段。它幾乎是沒有感覺的」。我想我們很多人都有過這樣經驗：我們最終接納一個艱難的現實，我們裏面就只有一個洞——那不是痛處或虛脫的空間，而只是單純的空。

往往是透過這種空，更大的能力可以流過我們的生命，流過因為我們的接納而空出來的空間。

在教導之時我有這種經驗。我掙扎著要好好準備一堂課，但一切都好像不對勁。我終於放棄，向自己的無能投降；走進課室時感到又空洞又害怕——在這個狀態下，不知怎地，我能夠成為真理的管道，讓真理在我和學生中間流過。有時學生説課堂很好，但那不是發生在我預備得很好、不順從聖靈的能力的時候！

十字架上的耶穌倒空自己，讓上帝可以進入。當我們接納十字架，我們裏面便會出現了一個空洞（void），這個空洞可以由「從無開始創造」的那一位填滿。在無能中，我們得到聖靈的大能。

肯定

十字架這條內在路徑的第四站是肯定（affirmation）。我們超越接納，以信心、盼望和喜樂説「這十字架是我的」之時，十字架在我們生命中變得最有力量。它是由生命賜給我的，它是通向更大的生命的道路，是通向我的弟兄姊妹和上帝的羣體的道路。

十字架的道路看似是孤單的路。但——這裏是另一個矛盾——藉著走這孤單的路，我們彼此找到對方。我們尋索的羣體不會因為我們想得到它和追求它而來到。它會在我們願意背負彼此的重擔、拿起彼此的十字架之時來到，在過程中我們發現自己是一羣聚集的子民的一部分，在那裏「軛是容易的，擔子是輕省的」，因為我們彼此分擔。

令我們懷著喜樂來肯定十字架，這不是容易的。但我不認識有比羣體的喜樂、彼此合一、彼此感到自在更大的喜樂了。只有在我們願意忍受每個關係中心的交匯點時，這喜樂才會來到。羣體意味著分擔甚至創造彼此的矛盾。羣體意味著為彼此帶來痛苦——甚至最有恩典的關係有天也會認識分離的痛苦。因此，如果我們想得到羣體的喜樂，想得到關係的喜樂，我們必須不單接受、也要肯定十字架的經驗。

我們活在自我中心的時代，追求自我滿足，我們製造了太多似乎不能要求真正關係的那種開放的成年人。在我們的時代以前很久，美國個人主義的文化已經貶低羣體，只祝福那些帶來互相利用的自私關係。十字架的道路劃破那幻象，藉此提醒我們，真正的喜樂只能在分擔苦難的另一邊，令我們明白到自私的關係與真正的生命沒有任何相似之處。

當我想到能予我最深刻的羣體感的人，我想到的是能夠與我分享他們的矛盾和破碎，從而也容許我分享我的矛盾和破碎的人。當我們向世界表現得平順穩妥時，我們不容許別人進入我們內心，不容許別人與我們一起投入生命。但我們承認和肯定十字架是我們生命的形狀時，在我們裏面和我們之間便開放一個空間，讓羣體可以出現。在那空的空間中，在十字架中心的獨處中，創造我們、使成為整全的那一位令我們再次整全，給我們喜樂的緣由！

如果我們要肯定真正的十字架，歡迎它進入我們的生命，我們必須明白，在它的最深處，十字架不單是悲劇的象徵，也是喜劇的象徵。悲劇和喜劇不斷在十字架中交匯，因為矛盾正是構成偉大喜劇的元素。你跟從某個情況的邏輯，直到「**噢**！」不合邏輯的事件或說話令你驚訝時，喜劇便出現。出現喜劇的情境是人們「發生誤會」。除非我們看到矛盾是好笑的——悲劇和喜劇手牽手——否則我們不能肯定我們生命中所遭遇過的反對和欺騙。

保羅提到十字架的「恥辱」，在這個詞中我們看到它喜劇性的一面。恥辱招來竊笑和嘲笑，反映當有些事情發生，是與常見的秩序、事情的傳統計劃相矛盾時，我們會感到有趣。國王沒有穿衣服！強者倒下了！十字架就是這樣的事。死亡本來是終結，因此復活是恥辱。它令人高聲發笑，因為死亡的能力，那麼自負又對自己那麼肯定，卻在十字架上被打敗。這是一流的恥辱。終極的笑話！

釋放

識別、抵抗、接納、肯定，最後是這十字架道路的第五站：釋放（liberation）。十字架最好的果子是釋放，不是因為自由本身是目的，而只是因為我們變得自由時，上帝才能夠使用我們。脫離我們幻象的捆綁，脫離恐懼的捆綁，最終脫離矛盾的迷惘。在十字架上，我們得到釋放，活在真理和愛之中，並活在回應聖靈於我們生命中的作為之中。透過十字架的中心，我們超越矛盾，進入聖靈中的整全生命。

釋放較古老的講法是**拯救**（salvation）——今天難以使用這詞，因為某些狹隘的基督教版本將它敗壞了。但我們需要取回它，因為它的根本意思是「整全」。得救就是變得整全，能夠進入超乎所有生命的矛盾以外的合一。

釋放只會在我們經驗我們生命中的十字架之時，才會來到：我們必須忍受世界的「不」，藉以接受神聖的「是」。只有藉著容許生命的矛盾令我們向聖靈敞開，我們才能夠超越使我們混亂和窘迫的二元性——是與非、白天與黑夜、對與錯的二元性。在十字架路上的生命最終是在聖靈裏得自由的生命，是拯救或整全的生命，在其中矛盾被超越。十字架的釋放給我們自己的操練，不是為了沉溺和安舒，而是為了不害怕矛盾地闡揚真理。

得到拯救，變得整全，就是明白我們在矛盾中，而那些矛盾在我們裏面，它們的一切由「隱藏的整全」連結在一起。那是能夠在自由和在愛中，在任何地方與任何人一起的。整全就是明白個人與生命的一切有關，與黑暗和光明、邪惡和良善、陌生和熟悉有關。那是自由地在大地上行走，知道上帝與我們同在，無論我們升上高天，還是下到陰間。十字架的釋放是知道沒有矛盾是上帝不能克服的。

對我們基督徒來說，特別重要的是，明白到十字架釋放我們脫離基督教信仰那些狹隘和限制的版本。最終，十字架不是關乎任何一個信仰傳統，它是關乎上帝的能力。身為天主教徒的熙篤會修士梅頓曾經用文字表達這點，這些話總令我感到頗為了不起。他說：

十字架是矛盾的記號——破壞律法、帝國、軍隊的嚴肅……但魔術師不斷為了自己的目的利

> 用十字架。是的，十字架對他們也是矛盾的記號：宗教魔術師那可怕的褻瀆，他們令十字架與憐憫有矛盾！這當然是基督教的終極試探！說基督將所有門都鎖上，提供一個答案，解決一切，然後離開，令一切生命都封閉在一個可怕的一致系統中，而在它外面只有嚴肅和定罪，在它裏面則只有得救的人那不能忍受的輕率——沒有任何地方留給神聖的憐憫那自由的奧祕，而其實惟有它才是真正嚴肅，也值得嚴肅看待的。[4]

釋放是可怕的，徹底的自由令我們害怕。正因為這樣，弗洛姆（Erich Fromm）寫到「逃避自由」是我們極權時代的一個特點。[5]現在梅頓指出逃避自由囚禁了太多基督徒的心——這種將救恩的界限拉緊，創造一個信仰和實踐系統的傾向，否定上帝的憐憫絕對有自由按祂的旨意行事，無論在教會以內還是以外。

十字架最終與任何嘗試捕捉十字架的信仰系統有矛盾。基督在我們生命中行事，我們分擔祂的十字架，祂釋放我們脫離對自由的恐懼，進入脫離恐懼的自由。只有這樣，我們才能全然向彼此、向生命、向上帝開放。

註釋：

1. Loren Eiseley, *The Star Thrower*（New York: Harvest Books, 1978）.
2. Rainer Maria Rilke, *Letters to a Young Poet*, trans. M.D. Herter Norton（New York: Norton, 1993）, 35.
3. Elisabeth Kübler-Ross, *On Death and Dying*（New York: Simon & Schuster, 1969）, 7.

4. Thomas Merton, " To Each His Darkness, " in *Raids on the Unspeakable* (New York: New Dimensions, 1966) , 11～12.
5. Erich Fromm, *Escape from Freedom* (New York: Holt, Rinehart & Winston, 1941) .

第三章
羣體的弔詭

帕克．帕爾默和薩莉．帕爾默（Sally Palmer）

這篇文章寫於一九七五年，當時是兩位作者第一年在彭德爾山生活。這是貴格會位於費城附近的一個學習中心和生活—學習羣體（living-learning community）。開始時是一年的羣體生活實驗，後來卻延長至十一年的居住。在那期間，帕克．帕爾默擔任教務長、教師和駐校作家；而薩莉．帕爾默則擔任陶瓷及編織教師和屬靈生命導師。

我們已經談及羣體多年。怎樣在我們居住的地方創造「羣體感」？應否加入一個已經存在的羣體——加入哪一個？與一些朋友建立一個羣體這個可能性又怎樣呢？我們談得愈久，我們和任何新生活方式之間的障礙便愈多。我們的家庭變得更大，我們年紀也愈來愈大，我們的願望和需要增加，我們的選擇則似乎在減少。

但這種傾談給其本身製造了壓力，到了一九七四年二月，我們知道是時候行動或閉口不再説話了。我們的夢想成了挫折而不是活力的來源；誠實地審視我們自己，我們明顯已開始保護而不是活出生命。

為甚麼是羣體？

我們對羣體的需要來自工作間和家裏所感到的孤立和破碎。薩莉的關注圍繞著在市郊的隔離狀態下照顧三個孩子的困難，以及在五人家庭的雜務的混亂中與其他成年人建立有意義的關係的困難。帕克的需要源自學術生涯缺乏羣體，以及美國公民羣體這個更棘手的問題。我們各自及彼此都感到需要羣體來簡化和整合我們生命中零碎的碎片。

有些事情是需要犧牲的！因此在沮喪的二月底，我們五個人上了火車，出發到喬治亞州阿梅里克斯（Americus）的「羣體伙伴」（Koinonia Partners），我們多年來從不同媒體讀到關於這羣體的報導，它後來產生了「仁人家園」（Habitat for Humanity）。[1]我們在那裏只逗留了一星期——這只是日曆的時間，卻是我們屬靈旅程的契機（*kairos*）。看見善良的人生活在羣體中，成為受壓迫者忠心的伙伴這簡單的事實，給我們全新的盼望和方向。在那裏，某人說了一些我們知道是真實、卻沒有勇氣對自己說的話：「你不是以思想進入一種新的生活方式，而是以生活方式活出一種新的思想。」

因此我們回到華盛頓，努力至少用第二年的時間「在羣體中」生活，並戰戰兢兢地走出第一步：帕克向大學申請休假。有十二個月沒有薪金令我們不安，但我們知道只要我們還是如此重視安舒，羣體便會向我們隱藏。

接著我們開始尋找一個地方。「羣體伙伴」是一個可能性，巴爾的摩（Baltimore）附近的另一個羣體也可以考處。我們也讀到「兄弟農莊」(Bruderhof)的報導，並與他們通過信。[2]我們也探訪過「聖島」林迪斯法恩(Lindisfarne)和彭德爾山，又透過電話和信件與另外幾個團體聯絡。[3]這些是(或者以前是)十分不同的地方，但它們的共通點是：每一處都有一羣人嘗試一起生活，接觸世界，由屬靈洞見所推動。

我們最終選擇了彭德爾山，貴格會位於費城附近的一個生活—學習羣體，我們在一九七四年秋天開始在那裏居住。在這裏，我們和大約六十人每天一起敬拜、學習、勞動、吃飯和娛樂。他們的年齡由一歲到七十一歲。一半或以下是貴格會會友，其餘的人來自世界幾個主要的宗教。彭德爾山不是「純粹」的羣體，它也是教育機構，有職員、管理委員會以及可以追溯到一九三〇年的歷史。但在彭德爾山，我們經歷了羣體眾多版本中的其中一個，而那經驗十分吸引。

羣體和矛盾

如果我們真的以生活方式活出一種新的思想，我們對於事物的觀念應該隨著經驗而改變。我們對羣體的觀念也如是。我們帶著某些期望來到羣體，尋找某些生命質素。我們找到很多我們要尋找的東西，但也發現好些我們沒有尋找的、也不認為我們想要的東西。事實上，有時似乎對每樣我們尋找的東西，我們都不單找到那東西，也找到與它相反的東西！

我們來這裏尋求與別人團契，這是比我們在市郊所經歷到的更圓滿的。我們找到它，但我們也發現對獨處的全新需要。我們來這裏為自己和孩子尋找擴大了的家庭。我們找到了，卻也發現需要在周圍劃出更明確的家庭界線。我們來這裏尋找逃避世界的某些力量；我們確實這樣做，但也發覺自己比以前更深入地與世界交往。

最初，這些極端的經驗（polarities）是令人混亂甚至沮喪的。我們不明白為甚麼在羣體中的生活往往在矛盾中拉扯著我們，或者被兩難的窘境刺透。但我們生活在羣體中愈久，我們愈發覺這些完全不是矛盾或兩難的窘境。相反，它們有弔詭的特點——兩極都是真實的。如果單看某一個極端，我們真正的需要便得不到滿足。但如果兩極彼此間能維持著富創意的張力，我們的需要便可以在往返循環中得到滿足。

例如：我們希望與別人「一起生活」是更豐富的。在市郊，我們不斷被引向一種個人主義（privatism）。事實上，私隱似乎是富裕的人以財富購買的主要產品。昂貴的單一家庭房屋放滿機械輔助器材、雇用家居服務、昂貴的汽車、精心設計的假期，全都為了令我們與別人疏遠，否定我們相互依靠這個潛在的真理。

但獨立對人類來説是不自然的狀況，因此在我們享受著個人主義這表面之下，是一個孤單的洞穴。我們想更能夠接觸別人。我們想在各樣的環境下一起生活——工作、遊戲、學習、敬拜——不單在舞會的晚上。我們想有更自覺的相互倚靠，我們倚靠別人，別人也倚靠我們。

我們在彭德爾山找到這種關係，我們歡慶他們打開和擴闊我們生命的眾多方式。但——於此，弔詭開始了——我們也發現孤單可以在羣體中給強化。我們感到孤單時，更難在羣體中分享，在那裏我們看見友誼在周圍，但卻沒能分享它，就好像在市郊那裏，明顯**每個人**都是孤單的！彭德爾山的人似乎彼此活在羣體中，但對我們來說如果它只是人羣時，我們所感受到的孤單比以前的更加熬人。

現在弔詭加深了。因為在面對我們自己的孤單時，我們開始明白獨處（solitude）的豐富。獨處和孤單不同。孤單是渴求別人，否認從人的角度看我們是獨自一人的。孤單往往是拒絕面對自己；它植根於需要有別人的臉孔和聲音去填補我們對內在的空虛的恐懼。在獨處中，我們面對我們的空虛，找到的不是真空或空洞，而是內在的空間，那裏充滿光明、甜蜜的靜默，甚至上帝。

從獨處中，我們更深入地擁有自己，由此我們可以與別人創造出真正的羣體——這個羣體裏的人認識自己，可以向彼此獻出自己，而不是將精神寄託誤認作羣體。因此，我們經驗到的是一個發生在羣體中的弔詭：我們需要獨處和需要彼此，而兩者都創造著和深化著對方。

另一個弔詭涉及我們作為一個家庭的生命。我們來彭德爾山，想擴闊和擴展我們的家庭界限。我們想孩子認識教師和父母以外的成年人。身為父母，我們想有其他人支持，一起去背負核心家庭所帶來的沉重負擔。

這一切都發生了，並發生了更多事情。我們十歲的兒子經常在廚房幫其中一個年青人焗麵包或削蔬菜。我們七歲的兒子因為是「學校的新生」而感到痛苦，我們不能安慰他時，一位七十歲的女士給他牛奶和曲奇餅，並在每天下課後教他彈自動豎琴(autoharp)。昨天，我們小學一年級的女兒帶羣體中一位失明的女士到學校，護送她經過早上的活動，對這位朋友的「他者性」完全是輕鬆應對。

對我們來說，可以近距離看到我們的家庭問題並不獨特，並可以與其他父母分享解決方法——和失敗！——是十分重要的。我們也發現，由於每天與別人交往，透過別人的眼睛看家人，家庭中的關係得到促進和更新。而在羣體中，我們發覺不好的家庭模式更容易改變：如果早上發生爭吵，它比較不可能延續到白天，因為我們很快會與外人一起吃早餐並彼此交談，於是便忘記了那趟爭執。

但弔詭就在這裏：在我們追求某種擴展了的家庭時，我們發覺需要在核心家庭周圍劃下新的界線，更清楚地區分我們是羣體中的羣體。在富饒的社團中，羣體提供的豐富聯繫可以變成一種分散(dispersion)的經驗，分散了我們的精力和注意力。我們發覺必須有家庭的時間和空間，更在意家庭的圈子，以免我們開始感到我們屬於每一個人並因而不屬於任何一個人。

我們回到家庭界線的行動，最初可能由對失去的恐懼所推動，但它後來變成對一起生活的真正肯定。因著羣體，我們現在更察覺到成為家庭是甚麼意思。相較以往我們自成一個小羣組，羣體傾向分散家庭的身分，令我們更多思想家庭生活的價值。而知道我們在家內有一個家，令我們有自由更全面地參與更大的家庭生活。因此我們來到另一個弔詭：需要擴展我們的家庭和需要凝聚它，兩者互相創造和深化。

羣體和世界

第三個弔詭始於一個事實：我們來到羣體，部分是為了逃避「世界」的某些力量。某程度上我們成功了。這裏的步伐更理智，事情的規模更有人性，我們與別人的關係不那麼令人焦慮，競爭也較少，我們生命的各方面比以前更能夠整合在一起。

但在羣體中，「世界」仍然與我們一起。如果我們逃避了某些東西，我們也會在自己所不習慣的深度與別人交往。有時那只是因為別人侵犯我們的權利，或者我們侵犯別人的權利；而在羣體中是沒有方法不理會這些闖入的。有時是因為羣體可以是心理壓力煲，迫使問題浮上表面，必須加以處理。如果好像這樣的動力是我們所說的「世界」的一部分，我們在這裏沒有逃避世界。相反，我們被迫更深入地與世界交往。

但世界不單是由個體、他們的心理和他們的關係所組成。它也是權力結構、集體現象和歷史事件。世界也是死於非洲饑荒以及東南亞戰爭的受害者。雖然我們繼續為了自己在這種邪惡中合謀，以及我們對此無能為力而哭泣，羣體那加深的弔詭是，我們也開始感到對「世界」的這些面向更加投入。

首先，羣體本身似乎是值得作的見證——在因互相競爭的個人主義及其暴力的結果而變得瘋狂的社會中值得作的見證。正如很多政治理論家宣稱，要令我們國家的政治恢復健康，部分有賴出現更多細小、互助和互相問責的羣體，伯克（Edmund Burke）將民主的機會繫於其上的「小隊」。[4]還有，我們所屬的羣體不單是良心的羣體，更是嘗試聆聽上帝怎樣呼召我們回應受苦世界的需要的羣體。

羣體中的生命令我們可以採取具體行動，回應上帝和世界對我們生命的要求。例如：簡樸的生活由羣體促進；我們不單可以分享資源，也可以鼓勵彼此消耗更少。羣體也提供更多支持，包括心理和其他方面——那是我們的時代那種冒險的行動所需要的。總括來說，這是羣體的另一個弔詭：在尋求逃避世界的某些力量時，我們發覺自己更深地投入我們弟兄姊妹的景況之中。

我們沒有準備好根據弔詭來理解我們的生命。相反，我們受到教導，以二元性來觀看和思想：個人相對羣體、自己相對別人、默觀相對行動、成功相對失敗。但我們生命中更深邃的真理似乎需要弔詭的全面表露。在兩極中都有真理，當我們活在它們的張力中便活得最富創意。

或許還可以說更多。或許在這些表面對立的合題中，我們更接近真理。或許在超越那些二元論的生活中，我們發現超乎我們思想所能及的真理。正如約翰斯頓在《基督教的禪》（*Christian Zen*）中指出：「我們可以說基督教是一個巨大的公案，令思想在驚歎中困惑和驚訝，信心就是以謙卑……深入接受弔詭的靈魂的深處。」[5]

不知怎地，我們感到羣體是讓我們開始欣賞弔詭的合適處境。在我們思想的眼睛中，我們總看到羣體是一個圓圈，那圓圈是一個意象。在其中，生命表面的對立相遇、接觸、無瑕地流入彼此之中。在那圓圈中，我們開始瞥見可能在經驗表面的矛盾背後的統一。

雖然我們來了彭德爾山只有一年，我們現在計劃逗留長一點時間，很可能再留三年，或許更久。至少，此刻，羣體是我們想活出我們的生命的處境。這可能會改變，而且是徹底地改變——最終極的弔詭，可能是：羣體中的經驗是不完整的，如果沒有隱居的時期！如果發生這樣的事情，或許我們對弔詭的理解會深刻得足以支持我們。目的會是穩定和整全地看生命，無論我們是在這特定的圈子以內還是以外——知道圓圈內有圓圈，裏面再有圓圈，這個世界沒有盡頭。

註釋：

1. 關於羣體伙伴（Koinonia Partners）的資料，參 www.koinoniapartners.org。關於仁人家園（Habitat for Humanity）的來源，參 www.habitat.org/how/historytext.aspx。
2. 關於兄弟農莊（Bruderhof Communities），現在稱為國際教會團體（Church Communities International）的資料，參 www.churchcommunities.org。
3. 林迪斯法恩團體（Lindisfarne Community）演變成林迪斯法恩協會（Lindisfarne Association）；有關它的資料，參 www.williamirwinthompson.org/lindisfarne.html。關於彭德爾山的網頁資料，參 www.pendlehill.org。
4. 「愛社會中我們所屬的小隊，是公共的愛的第一原則（它所是的寶石）。」Edmund Burke, *Reflections on the Revolution in France*（New York: Penguin Classics, 1982）, 135；此書於一七九〇年首次出版。
5. William Johnston, *Christian Zen*（New York: HarperCollins, 1971）, 63.

第四章
一處稱為羣體的地方

我們期望的一種神的顯現（theophany），是我們一無所知的——除了那處地方，那處被稱為羣體的地方。

馬丁·布伯（Martin Buber）

《人與人》（*Between Man and Man*）

馬丁·布伯的話肯定是先知的話，上帝在人類的需要中間來到我們這裏，而我們這個時代最迫切的需要，需以羣體來回應。

如果我不是生活在令我可能消耗得更少的羣體中，我怎能參與更公平地分配資源？如果我不是生活在我的行動和後果都明明可見的羣體中，我怎能學習問責？如果我不是生活在視階級為不自然的羣體中，我怎能學習分享權力？如果我不是生活在充滿支持的羣體中，我怎能冒做正確的事所要承擔的風險？如果我不是生活在我們可以彼此向對方做個真真實實的人、而不是扮演一個角色的羣體中，我怎能曉得每個生命的神聖性？

相對於這些艱難的問題，羣體流行的感性形象，確實令人苦惱。我們——特別是中產階級白人——重視羣體，是因為它應許的個人培育，可是我們卻忽略了它對政治和經濟公義的挑戰。我們以浪漫的用語談及「一起生活」，卻與共同生活這艱難的操練沒有多少相似之處。

但我們時代的困難不會因訴諸於人格理想或浪漫主義而給解決過來。如果羣體的觀念要向我們的景況説話，我們必須改變討論的用語。因此，我寫關於羣體的事情，部分原因是為了糾正浪漫的謬誤：如果我們尋找夢想的羣體，現實會很快打敗我們；奮力追求羣體，實在承擔不起這些失敗。

我寫作，也是因為羣體的宗教基礎往往被忽略——我相信宗教不是指向虛幻，而是指向終極實在（ultimate reality）。羣體的觀念處於每個偉大的宗教傳統的中心。希伯來聖經主要敍述一個羣體與上帝立約和背約。新約聖經肯定地告訴我們，在禱告和服事的生命中能否與別人一起同心，是有否領受上帝的靈的其中一個測試。例如：使徒行傳記載道，形成能分享共同利益的羣體是五旬節的其中一個果子：「信的人都在一處，凡物公用，並且賣了田產、家業，照各人所需用的分給各人。」（徒二44～45）

我自己屬靈經驗的核心令我知悉，上帝不斷在我們裏面和我們之間作工，並呼召我們回到我們受造這個統一、這個整全之中。如果我們回應那呼召，我們可以為人性和神聖的將來的可能性帶來重要的見證。在以下的篇幅，我會嘗試闡明怎樣做和為甚麼。

對羣體的追尋

我們的時代對羣體的追尋説了和寫了很多話，但那些修辭卻沒有在我們的行動中反映出來。我們可能以言語尊重羣體，但二十世紀歷史的發展卻肯定與「一起生活」漸行漸遠。

幾代間，美國人不斷從大家庭和小市鎮中逃跑。這兩種羣體令我們不致朝我們更珍視的目標——經濟流動（economic mobility）的目標——快速進發。相較「一起生活」，我們更珍視經濟流動。小市鎮並不提供範圍廣闊的工作選擇，容許我們前進。如果我們有機會向前或向上流動，不可能牽著一個幾代的大家庭走。

因此我們受到巨大和複雜得可以滿足我們經濟慾望的城市吸引，也受到小得可以令流動變得可能的家庭吸引。流行的社會學將我們描述成這些「運動」和「趨勢」的受害人，彷彿伴隨著現代性的痛苦是強加在我們身上的。但不！親密羣體的破壞是在我們自己手中。這是我們自己向上爬所致。我的意思不是大城市和小家庭是錯誤的；很明顯，兩者都反映了合理的價值觀。我的意思是這些價值觀很大程度上反對無所不包的親密羣體的價值觀。我們可能渴望羣體，但我們更渴望個人流動可以帶來的社會和經濟獎賞。

當我們意識到那是與我們既有的其他價值觀有衝突的價值觀——在我們的決定中，羣體通常被犧牲掉——我們便踏出了重要的第一步，離開我們對羣體的浪漫想法。我們有多少人會因不欲搬遷而放棄升遷的機會，從而選擇加深本地的根源？縱然生活在城市無人認識自己（無論這有時是多麼孤單），但我們有多少人會以此來交換我們想像中美國小鎮那種使人厭倦、充斥閒言閒語、目光偏狹的地方？我們在開始時必須承認我們對羣體的口頭敬意，只是一種遍及美國性格的深刻矛盾心態的一面，而另一面是歡慶不受束縛的個人主義。

個人主義的復興

在過去的時候，這種美國的矛盾心態牢牢地建立於個人主義和羣體兩方面，因為這兩方面都似乎是可能的。美國拓荒者既要有個人的能力，又要有羣體的能力。為了生存，他們需要有能力自力更生，又有能力一起打拚。但在我們的時代，個人主義卻不受控制。我們繼續矛盾，但將我們固定在羣體的錨鬆開了。我們發覺自己危險地朝自主和孤立的自我的石頭漂去，部分是因為我們不再肯定可以找到羣體。

理夫（Philip Rieff）在《治療的勝利》（*The Triumph of the Therapeutic*）[1]中探討對羣體信心崩潰這課題。理夫指出，羣體本身曾經阻止個體的人格解體，因為在羣體中，每個人都有其位置，人對個人是否被需要和在哪裏被需要，不會感到焦慮：答案就交織在社會的結構之中。如果一個生命，一個人格真的崩潰了，羣體本身便是一種治療：在羣體中，那人可以找到一個舒服的角色，讓自我再度整合。

但隨著我們共同的生活崩潰，個人愈發解體，對一種不倚靠羣體治療的需求增加。因此一種新的治療模式出現——主要是弗洛依德式的——它的目的是創造一個自我，是能夠在沒有羣體支持下發揮作用的，並創造一個個體，是可以沒有其他人而生存的。正如理夫指出，這個自我的建立既外在地又內在地由治療的過程所促進。例如：「移情危機」的時刻，是病人必須學習獨立、甚至獨立於治療師的時刻。而治療的開支已經不斷提醒病人，支持不是免費從羣體而來，而必須從市場購買。

假設羣體不再存在，我們必須學習獨自應付，這在現代生活的其他方面也很普遍——例如教育。從歷史來看，教育、羣體和文化是不可分割的。學生所學的，反映出對他們需要知道甚麼的一種羣體共識，幫助羣體和它的文化更新和重組自己。

今天，教育成了競爭的訓練場。事實上，教育本身成了競技場，勝利者和失敗者甚至在成人生活的比賽開始前已經被決定了。好像「拉曲線評分」(grading on the curve)這種教育方式，明顯是建基於社會達爾文主義。不單學生聚集在一起商討習作時被很多學校稱為「作弊」，羣體的德行也備受懷疑。成年人往往堅稱，只學會合作而不會競爭的兒童，是未預備好面對「真正的世界」。在這些病徵之下的事實是，現代學校的功能在於經濟多於文化。它們再次提醒我們，我們不應該倚靠羣體的支持，而應該倚靠個人的生存技巧。

「治療的勝利」——假設著羣體消失，我們必須學習自力更生——也可以在今天的很多靈性中找到。在宗教和世俗生活中，羣體都令我們失望和有負於我們。結果，很多向宗教經驗開放或正在追求靈性的人，都不能容忍教會的任何建制形式。

因此，某些靈性形式強調追逐私利的自我的孤獨旅程，卻吸引了很多追隨者。在最糟時，這些「新宗教」令自我成為屬靈追尋的對象。不是按上帝的形象受造的自我，或者可以在其中找到「上帝的自我」的自我，正如貴格會説的。不！在某些新宗教中，上帝和追逐私利的自我被視為同等：真正的自我和自我之間的衝突消失了，它們彼此被吸收到對方裏面。自我由參與立約的羣體來界定這種感覺也消失了——隨之對於任何超越自我的東西的信心亦消失了。

尋找羣體的冒險

羣體愈來愈難找到，這假設是很有根據的。在我們這種世界，我們**很難**找到或創造持久和可靠的關係。但這種現實主義很快變得極具破壞性：每次我們根據這個假設行動，每次我們準備獨自行動時，我們都在創造更多同一樣的東西。

不能倚靠羣體，這假設是一個自我實現的預言。我們根據它行動時，便成了不要求別人負責，自己也不能讓人倚靠的人。米爾斯（C. Wright Mills）會稱它為「瘋子的現實主義」，因為它的惟一結果是加快羣體的衰亡。[2]我們需要勇氣，堅持盼望，並根據這盼望行事，期望羣體對人類仍然是可能的，因為只有將「猶如」（as-if）實踐出來，我們才可以創造適合人類居住的未來。

只有在我們對「尋求個人的健康生活是甚麼意思」有

全新的理解，我們才能夠找到這種勇氣。我們活在其中的時代，有極端的自我意識，有自我懷疑、自我審視、自我幫助。我們似乎察覺到每個內在煩惱，彷彿我們生來就擁有心理的地震儀，能夠量度我們個人斷層的每個運動。在我們的時代，我們假設個人心理健康來自專注於自己，以及來自尋索自我更新的資源。

但個人的幸福是其中一種古怪的東西，它避開直接以它為目標的人，走向以別的東西為目標的人。耶穌的話說得最好：「得著生命的，將要失喪生命……失喪生命的，將要得著生命。」（太十 39）我們必須學習，對感覺不良好的自我的最終治療，是將我們自己的痛苦與別人的痛苦認同，並一起抵抗製造我們共同疾病的景況。

也就是說，終極的治療是將我們的私人問題轉化，試從公眾議題的角度觀之。我們嘗試這樣做時，我們會發現我們的一些私人問題實在太瑣碎，不配有公共地位，因為它們終將消逝。但其他問題卻結果是我們時代所共有的，不只是私人的痛苦，而是集體的病徵。我們在姊妹和弟兄的生命中看見和回應自己的困境時，我們會開始找到健康。真正的治療關乎建立可以有共同關注的關係。只有這樣我們才能夠醫治自己。

這一切都將傳統智慧顛倒過來。我們害怕羣體，因為我們以為我們會在其中迷失，發覺自己的自我身分被羣體的身分制伏。我們將個體和羣體對立起來，而當然，我們選擇了前者。但我們對羣體的恐懼，反映的是我們對自我的一個多麼奇怪的觀念！我們怎能忘記自我是其他眾多自我的流動的交匯（moving intersection）？而這些生命與我們的生命互動，並豐富我們的生命而最終形塑了我們的自我？一個人的羣體愈大和愈豐富，自我的內容便愈大和愈豐富。矛盾的是，羣體和個體攜手同行：富裕的市郊多生活選擇而少羣體，相較地方鄉村羣體生活豐富而少選擇，而前者孕育的個人性卻較少。

我們失去了個人的幸福，因為我們失去了羣體。但失去的東西可以尋回，羣體也可以重建——當我們愈來愈多人打從心底覺得有需要和願意冒著羣體這個險。我們這樣做時，我們會發現那冒險是一個幻象。在我們對羣體的恐懼的另一邊，我們完全找不到險要冒，就只找到深入的基因記憶，記得生命是要一起活出的，同時又對我們怎樣忘記了這基本事實全然困惑。

羣體的政治

最好的個人治療形式是建立羣體，而建立羣體是最好的政治形式。因此羣體是讓治療和政治相遇的地方，讓我們意識到個人的健康和羣體的健康本身是一個相互的實在（reciprocal reality）。

在我們反思孤單時，治療和政治的聯繫變得更加清晰，而孤單是很多現代生活的界定性事實，也是羣體要醫治的。但孤單不單是人際的問題，它有政治的成因和後果。我們是孤單的，因為龐大的社會令我們在共同命運的事情上不彼此交往。而孤單令我們成為上千種不同的政治操控的受害者，令我們不單可憐起來，在政治上也變得危險。如果我們明白這事實，我們便能創造羣體，而這羣體能夠對政治的健康和個人的健康作出貢獻——藉著更公平地分配自己個人和集體命運的決定權。

政治學者早已知道，羣體的眾多形式在權力分配上扮演重要的角色。家庭、鄰舍、工作小組、教會和其他自願的聯繫，站在孤單的個體和中央國家的權力之間。它們給我們每個人提供一種由人組成的緩衝地帶，讓我們對國家的要求不致完全無力抵抗。它們放大每個人的微小聲音，讓裝聾的國家可以聽到這些聲音。在這樣的羣體中，我們習得協調一己利益和羣體利益所需的技巧。

如果這些羣體在數量和質量上下降，出現的結果是「大眾社會」。這種社會的特徵不單是其大小，而且其中的個體彼此沒有有機的關係，而只有國族共有的成員身分。在大眾社會，個人單獨對抗著國家，沒有羣體聯繫的網絡來保護個人的意義、擴大個人的權力，或教導和學習民主的習慣。

在大眾社會中，人的孤單感是他們政治上無能的準繩，而由於這無能——他們沒有能力一起行動——大眾社會與極權主義就近在咫尺。在極權社會，國家小心地控制中介羣體的數目和性質，確保它們不鼓勵個體也不讓個體充權去抵抗國家。當真正的羣體開始在民主中衰敗時，民主的質素也開始衰落。

如果我們將焦點單集中在政府的建制以及它們怎樣運作上，我們便可悲地錯解政治了。民主體制的功能倚靠羣體生活而存在——政府向這種羣體生活問責，這種生活給人權力向管治他們的人提出要求。更基本的是，羣體生活是人們明白他們的相互關係的處境。沒有這種理解，人們對政府會沒有興趣，除了當它直接干涉他們的私利時；而民主亦會破敗。羣體是民主政治的先決條件，而建立和維持羣體則是必不可少的政治任務。

但美國的情況加深了個人主義。富裕（或渴望維持富裕的幻象）吸引我們接受一些生活方式，是設計用來保護我們，令我們避開彼此的視線和聲音的。我們彼此分享或彼此提供的貨品和服務，可能變成了個人化的消費項目，因而削弱了羣體的組織。我們關心成為消費者多於成為公民，喜歡購買自主多於揭示我們是互相倚靠的。

當然，我們實際上是互相倚靠的，雖然我們十分努力，付出很大代價去建立自主的外表。但隨著世界的經濟危機加劇，我們會不住明白到我們是多麼的互相倚靠，而這認知重新喚醒我們，令我們察覺到對羣體的需要。在一九七〇年代中期「燃油短缺」高峯時，人們很快學會了與鄰舍共用汽車。但隨著危機過去，分享也成為過去。隨著這種危機增多，很可能會出現一個過渡時期，在其中競爭和攫取的老習，在人們掙扎著不想意識到「事情已經不再一樣」之時，會傾力反撲。要經過一段時間，世界各地才會感到要分享的壓力變得那麼大，以致令羣體成為惟一合理的選擇。

因此，那些培養羣體的本能、努力建立它的外在形式的人，是在從事一個其成敗對我們的集體未來十分重要的任務。羣體的政治和經濟是基礎，但除非我們明白它們的全面含義，否則我們心目中的羣體意象會繼續是浪漫和不相干的。羣體不單意味著靈魂的安舒；它意味著、而且總是意味著物種的生存。

真羣體或假羣體？

我們愈讚美羣體，便愈追求另一個浪漫的謬誤：談到「羣體」，就是談到「美好」。事實並非這樣。塞爾瑪（Selma）、西塞羅（Cicero）、南波士頓（South Boston）和每個種族集體主義的例子——都是羣體，但都是虛假的羣體。我們明白真羣體和假羣體之間的分別時，我們便會更遠離對共同生活的感性想法。

假羣體最突出的例子是：在真羣體衰落時出現的極權社會。在大眾的孤單中，人們渴望跟比自己更大、可以將自己從不重要中救贖出來的東西認同。這渴望是那麼深，以致羣體的出現正可以滿足其胃口；亦因此極權主義總呈現為一場給大眾的集體筵席，並以非凡的意義作為虛飾。納粹德國除了是羣體生活的鬼魔形式外還能是甚麼？除了是失控的羣體原型外，還能是任何一種特別的民族主義或種族主義麼？

真羣體和假羣體之間的社會政治差別可以詳細列出。例如：假羣體傾向被國家操縱，而真羣體則獨立於政府權力以外。在真羣體中，人們有自由以挑戰建制權力的方式交往；而在假羣體中，權力藉著定下可接受的聯繫方式的界限來保護自己。

在假羣體中，羣體被視為比個體優先；而在真羣體中，人們相信個體和羣體對真理都有要求。在真羣體裏，個體會受到羣體制衡，羣體也會受到個體制衡，因為真理不一定在大多數人或在曠野的聲音中找到。在假羣體裏，個體被抽象的意識形態吞噬，例如納粹德國的口號「鮮血與祖國，以及種族」。但真羣體建基於評估具體的個體，而不是抽象的階級。

假羣體傾向同質、排他和帶來分歧，而真羣體則致力超越多元以尋求合一。我們應該懷疑任何太快和太容易形成的「羣體」。它可能倚靠先存的社會分類，不是為了羣體、而是為了共同性（commonality）而產生——而共同性不會培養真羣體所能提供的人類成長和擴展。

但在真羣體和假羣體這一切社會差異以外，有一個神學的方式表達那些差異，它將我們帶到事情的核心：假羣體是偶像崇拜。他們將種族、信條、政治理念和生活方式等有限的質素提升到終極的地位。他們藉著將相對的變成絕對，將暫時的變成永恆，藉著崇拜那應該被批判地看待的東西，從而尋求保障。他們混淆了自己的能力和上帝的能力，並用自己的能力對生死攸關的問題作裁決。假羣體最終是魔鬼，這不是説真羣體最終是神聖的，因為兩者都保留了人的特質。但真羣體具備立約的形式，在時間的流轉中經歷上帝的憐憫和上帝的審判。

這些分類不是固定的，因為假羣體可以變成真，真羣體也可以變成假。真羣體總是受到試探，變得驕傲和自大，而這是偶像崇拜的先決條件。所以真羣體也是自我批判的羣體，總是預備在自己的虛榮膨脹成上帝時將它收緊。真羣體會有機制檢視它最珍惜的觀念，因為那是容易出現偶像崇拜風險的地方。

這一切都提醒我們，羣體最終是宗教現象。除了超越的能力外（transcendent power），沒有任何東西可以令破碎但任性的人類連結起來。但並非所有被視為超越的能力的都是富創意或善意的。那能力是甚麼，它便向倚靠它的人要求甚麼——這些因素決定了羣體生活的質素。

一些關於羣體的神話

要明白真正的羣體，需要解構（deconstruction）幾個浪漫的神話，在當代思想中，這些神話取代了羣體的真實本質。

首先，有這個神話：羣體是維持物質生活所需的事物（creature comfort），可以為已充斥著其他奢侈品的生命增添色彩。對富裕的人來說，羣體變成另一件消費品。你可以在週末的退修中心買到它，或者你和與你同類的人可以在保安措施完善的小區中買房子，從而擁有羣體。

但羣體（好像個人幸福一樣）是屬於那種如果我們直接以它們為目標，它們便會躲避我們的東西。羣體是委身和掙扎的副產品。我們上前將一些錯誤糾正，醫治一些傷害，提供一些服務時，羣體便來到。接著我們發現彼此在抵抗生命的消逝時是同路人。最深刻的羣體感，在生活充斥著瑣瑣碎碎的樂事的人中間找到、在以生命的「是」向暴政說「不」的人中間找到，並不是偶然的。

在所有羣體的神話中，羣體作為商品是最難克勝的。

世界教導我們直接、進取、專一地追求我們想要的東西。但如果這樣對待羣體，它將是我們所不能觸及的。我們不能單因為我們想要羣體而擁有它，因為羣體的基礎本身超越自私而進到為他者而活的生命中。只有在我們的信念和行動將我們聯繫到人類所看不見的羣體時，羣體可見的形式才會在我們周圍生長。

另一個神話是將羣體等同烏托邦，它誤導我們，令我們以為由於可以輕易與彼此接觸，我們便會再次發覺大家是弟兄姊妹。但羣體不像烏托邦，而更像熔爐烈火，因為容易接觸，意味著各自我之間的碰撞。在這個過程中，上帝想我們學習一些關於自己、關於一己的限制、自己需要別人的事情。在這過程中，會經歷到得不到我們想得到的東西的痛苦，但也有找到真道（the Way）的應許，正如潘霍華便十分清楚：

> 有無數次，整個基督徒羣體瓦解，因為它源自夢一般的希望……上帝的恩典很快粉碎這種夢。正如上帝想帶領我們對真正的基督徒團契有所認識，我們必須被理想幻滅所懾服——對別人、對一般的基督徒，以及如果我們幸運的話，也對自己……上帝不是情緒化的上帝，而是真理的上帝……一個人愛他對羣體的夢多於愛基督徒羣體本身，這人會毀滅羣體，雖然他個人可能是誠實、真誠和打算犧牲的。[3]

只懷著他們「夢一般的希望」進入羣體的人，無論是否基督徒，都會很快離開——受傷、怨恨，很可能於建立羣體中走迷。但那些可以經過夢想幻滅、自我受損的人，會發覺羣體的真理，比幻想中的更為豐富和更具支持作用。因為在羣體中，個人學到孤獨的自我不足以衡量現實，我們只有透過多重視覺（multiple visions）才可以開始認識真理的圓滿。

我們對羣體那烏托邦式的幻夢的極大危險是：它們令我們喜歡跟自己相似的人聯繫。在這裏我們面對羣體的第三個神話：它是我們自我的擴展和延伸，進一步肯定我們自己對現實那片面的觀點。我經常聽到有人說：在真正的羣體中，一羣人可以有絕對的權力來選擇新成員，並因此可以控制羣體內不和諧的程度。

不是這樣。在真正的羣體中，我們不會選擇我們的同伴，因為我們的選擇往往被自私自利的動機所限。相反，我們的同伴是恩賜給我們的，他們往往是會顛倒我們對自我和世界的看法的人。事實上，我們可以將真羣體界定為一個地方，在那裏，總活著那個你最不想與他一起生活的人！

如果我們願意與那人一起生活，我們便可以避免森尼特（Richard Sennett）所說的「淨化的羣體」[4]這個陷阱。在這裏，正如在典型的市郊，一個人被相似性圍繞，以致不大可能面對挑戰，成長也變得不可能。在真羣體中，總有足夠的多元性和衝突，動搖我們按自己形象來打造世界的需要。真羣體會教導我們「不要成就我的意思，只要成就你的意思」這個禱告的意義。

在探討和破除這些神話時，我們再次得到提醒：真羣體是屬靈的現實，不能化約為社會和心理的原則。如果馬丁．布伯所說，「當我們轉向彼此時，我們是轉向上帝」是對的話，羣體便是悔改的處境——而悔改（conversion）的字面意思便是「轉向」。[5]

羣體可以提醒我們，我們蒙召去愛，因為羣體是在行動中的愛的產物，而不純粹是私利的產物。羣體可以打破我們的自我，向上帝的經驗開放，而祂不受我們的觀念限制。羣體可以教導我們，我們對真理的掌握是脆弱和不完整的，我們需要更多恭聽上帝給我們生命的圓滿的話語。對羣體生活的失望，亦可以得到轉化——藉發現生命惟一可倚靠的能力是在所有人類的結構和關係以外的。

惟有立於這屬靈的基礎上，才可真正避免理想的幻滅——那是羣體所必然帶來的。只有當我們追求的不是羣體，而是真理、光、上帝時，我們才可以忍受這種理想幻滅。不要委身於羣體，而要委身於站在所有人的建構以外的東西。在這委身中，我們發覺自己被羣體吸引，而羣體教導我們的艱難功課也是可忍受的，並會轉化為更大和更真實的生命。

一起生活的不同形式

羣體是一個屬靈揭示的過程。但它也是一個地方。當馬丁．布伯說「我們期望的一種神的顯現，是我們一無所知的——除了那處地方，那處被稱為羣體的地方」，他表明地方和過程怎樣交織在一起。上帝顯現、與永活上帝的相遇，明顯是神祕和滿有作為的。但對基督徒和猶太人來說，那相遇總在這個世界的具體地方發生。我們失去對地方的感覺時，羣體便變成另一個沒有實體的屬靈辭彙，它刺激我們的想像力，但卻不能與現實聯繫。

美國歷史不時出現羣體精神的復興 ，而這總是伴隨著一種觀念：細小又有目標的羣體，從更大的社會退卻，而只有這些才是一起生活真正有價值的形式。很明顯，羣體經驗是重要的，為沒那麼強烈的一起生活形式，提供參考模式和成為「學習的實驗室」。但很多人都得不到這種經驗。我們需要在我們身處的地方彼此幫助以建立羣體，而不是鼓勵夢想，免致對未能符合多數當代生活需要的羣體形式絕望起來。我們需要促進羣體形式的多元化，那是城市、科技化的社會恢復其人類根源時所需要的。

我們有些人蒙召專注於家庭這羣體，而家庭在羣體中，其角色是清楚的。對很多人來說，家庭是最先感受到羣體之難甚至是羣體之不可能的地方。如果那人成長在並不存在信任、也不能夠找到支持的家庭中，那人長大時會害怕受到進一步的拒絕，不會再冒險找尋羣體。

如果假設很多人會將各類羣體，包括家庭，放在個人流動和經濟發展之上，是太過理想化的話，那麼，試設想，當世界資源減少，這可能迫使我們要考慮這樣做。我們很多人和我們的孩子可能不再能夠乘著經濟的自動電梯上升；而當我們不再向上流動時，我們便可能學會懷著感激之情地留意周圍的東西。不增長的經濟會迫使我們比現在更全面地分享，而分享可以意味著一種擴展了的家庭。

經濟趨勢對家庭生活的影響，在女性愈來愈要求在工作和薪酬方面得到更全面和合理的分配中，尤其明顯。在較早的時代中，令家庭連結起來的母親力量，部分是建基於將女性排除在受薪工人階級以外的。女性要求經濟權利時，男性明顯必須更全面地分擔維繫家庭的任務——如果家庭要成為羣體生活的模範的話。

家庭似乎明顯地可以成為很有力的模範。例如：我們很多人都覺得各盡所能，各取所需的羣體形式是不可能的——這個羣體的資源共享，由有能力的人建立，並由有需要的人取用。在關係密切的家庭中，負責賺錢的人完全接受一點，就是沒有賺錢能力的孩子或配偶，對他或她的資源完全有運用的資格。當我們擴展「誰是我的『家人』」這觀念時，或許我們可以延展我們對羣體的更廣闊的理解。

在家庭以外，我們有些人可能蒙召在生活的社區建立羣體，但我們很少在這些地方實踐「愛你的鄰舍」這個偉大的命令。但再一次，我們大部分人都想這樣：我們想在忙碌的生活中保有一些私人的空間，脫離與隔壁的人的糾纏，當有需要或有機會去其他地方時，我們可以輕裝上路，不會感到有任何損失。

我們生活的社區的健康，是更大的羣體政治健康的基礎：沒有本地的羣體，代議制民主不可能存在。套用政治的講法，我們生活的社區不單是敦親睦鄰的地方。它們是公民身分的中心和來源，是感到有關連、責任和能動的泉源。今天很多人感到的政治無力感，是直接與地方羣體失能有關：如果人沒有一個小宇宙，讓其可以在其中踐行政治實力，他又怎能期望影響國家所走的路？

在我們流動的大都會生活中，需要一些外在力量令社會留意到它本身是一個羣體。在我們的時代，其中一種這樣的力量就是改變人口分佈，特別是在一個按種族和經濟組成的地區。當然，很大程度上，人們懷著恐懼和防衛的心態看待這些改變。它會引致假羣體的形成，嘗試排除那些有點差異的人。

但更正面的結果也是可能的。在華盛頓市郊，我參與了一項計劃長達五年，這計劃幫助白人中產應付社區的轉變。[6]計劃的核心是一連串「客廳研討會」，在八星期的課程中聚集大約十到十五個鄰居，這些課程設計來幫助他們找出和克服他們抗拒改變的來源。

在他們對「他者」的恐懼背後，這些參加研討會的人不想逃避轉變。他們想接受轉變，從轉變中學習。但孤立的感覺令他們恐懼和冷漠。於是他們以微小但實際的方式建立羣體。例如：一羣人建立了社區資源目錄（Neighborhood Resource Catalogue），列出居民樂意與別人分享的興趣和技能。當然，這些交流可以建立羣體，逐家逐戶去問他們想在目錄上列出甚麼，這簡單的行動也可以建立羣體。

很明顯，我們需要找到理由去與鄰舍見面。當我們面對面這樣做時，羣體便開始出現，我們對「那些人」的恐懼便開始消退。以微小但重要的方式，好像這樣的計劃，幫助鄰舍成為鄰舍，令人們能夠看到羣體中的人的面孔，以取代他們心中那些可怕的定型。

在家庭和生活的社區以外，我們有些人可能蒙召在上學或工作的地方建立羣體。對很多美國人來説，這些地方是階級和競爭的主要場所，我們彼此競爭，以爭取「更好的表現」。但我們在工作地點破壞羣體時，會換來生產劣質的產品和妄顧道德操守的惡果。我們破壞學術的羣體時，換來的是衰敗的教學和學習的惡果。只有當我們明白羣體、創意和成就是攜手並進的，才能在學校和工作的地方建立羣體。

我們大部分人不相信合作是優秀的最好來源，因為我們在機構中不斷強化一個假設：優秀來自競爭，在其中好勝的本能被利用。我們大部分人都相信，沒有人與人之間的比較的教育是不夠嚴格的，我們對「人類的本質體現於集體合作計劃，讓每個人都成為贏家，沒有輸家」這個假設，深感懷疑。

但有相當多證據證明，組織得好的小組可以比任何個別成員都聰明。例如：我想到模擬遊戲，這些遊戲提出一個難題要每個人自行解決，然後邀請他們分享和糾正彼此的解決方法，以尋求共識。[7]共識幾乎總是比個人方案更能夠解決困難，而且往往也是充滿戲劇性的。

如果人們認真看待好像這樣的資料，學校和工作場所的競爭性個人主義或許會開始轉化。隨之而來的不是更高層次的個人滿足，而是更高層次的學習、創意和實際解決困難。

羣體和教會

提出我們有些人可能蒙召在教會中建立羣體，這可能顯得有點諷刺，因為教會本身就是「要成為羣體」的歷史原型。但教會既是人性的也是神聖的，它明顯沒有成為上帝心目中和我們一些人心目中的那種羣體。但宗教羣體仍然有很大潛力體現真正的羣體生活：那裏有羣體的傳統和象徵，有時那裏也有領導。

最重要的是，普世教會擁抱了大量典型的世上的多元性，理論上我們藉著委身於那超越我們差異的真理而連在一起。可實際上，太多時候，教會嘗試壓抑它所包含的差異。但如果它可以學習在保持基本合一的前提下，處理其次要的差異，教會會是最吸引人的羣體模範。

基督教傳統的核心是一種內在的追尋，但它會引向一些正直的和服事性的外在行動，即愛的行動。基督徒站在內在和外在生命的交匯點時，他們是在聖靈中的。並且，在那交匯點找到了羣體。羣體是一個地方，在那裏我們感受到的聯繫，是在人與人之間的連結中讓人知道的，而那些連結的拉扯不斷令我們的心敞開。

教會可以藉著堅持它的崇拜而給羣體最大的貢獻——我所說的堅持，意思是踐行上帝的同在。同樣，羣體實在太難以人的社羣本性來支持。只有在我們一再回到所有生命合一的屬靈經驗，我們才能夠支持羣體。用貴格會的話說，你裏面的上帝回應我裏面的上帝時，羣體便出現。而肯定每個人裏面都有上帝，意思遠遠不單是「我沒有問題，你也沒有問題」；它的意思是：肯定每個人的生命的神聖性是不可或缺的。

我們的教會在一起敬拜中最好花多點時間於靜默這聖禮上。我是普通的基督徒，我需要聽到信仰的話語說出來和得到肯定。但我也知道很多宗教真理是不能言傳的，文字會令我們產生分歧，而真理可以在沉默中使我們走在一起。世界需要各樣的敬拜羣體，而當中肯定需要那些在超越信經的密契真理中擁抱多元的敬拜羣體。

但在密契的沉默中也有危險。我們可以在默想中找到的合一的密契經驗，很少可以在人類世界中顯明，因此尋求屬靈合一的人可能會受到試探，逃避具體生命的不完美。我們也可能受到試探，崇敬靜默本身，而忘記了默觀只是工具，上帝可以在其中擾亂和安慰我們。兩者都是偶像崇拜的試探，兩者都在削弱羣體。如果我們捨棄了人類關係的困惑，一心追求靜默生命的完美，羣體——更不要說真實的生命——對我們便會變得不可能。

我們需要的不單是個人的禱告，和尋求站在自己神聖的地方。我們需要一種集體的踐行，尋求一個空間，讓我們可以一起站立。在崇拜中，我們需要知道上帝想將我們連成一起，成為上帝的子民；我們必須彼此聆聽，在他們的言語和沉默中，以別人接受的真理試驗我們的真理。我們需要知道，我們站在一起時，上帝會在我們眾人中體現出來的真理，會比在我們任何人獨自站立時所體現出來的更大。

在這裏，基督徒可以藉著拒絕跟從我們時代的宗教個人主義，對羣體作出貢獻。在很多新興屬靈運動背後，是假設真理是完全主觀的：有一個給你的真理，有一個給我的真理，不需要理會彼此的分別。但當我們這樣理解真理時，給我們的真理沒有機會轉化社會或我們自己。如果我們肯定羣體，我們必須冒險，我們的真理版本會因為賜給別人的亮光而擴大，或甚至變得缺漏。

如果真羣體要興旺，個體也必須興旺。因此當教會追尋集體的真理時，它必須留意個體可以提供的洞見。在我們的集體追尋中，必定不能壓制個體，不能誘使他們隨伙，不能令在投票中失利和充滿怨恨的少數喪失成員身分。基督徒可以藉著走宗教威權主義和屬靈主觀主義之間的路，而對羣體作出貢獻。教會試驗集體的真理時，總是必須尊重上帝在個人心裏說的話對集體來說可能太激進。

賜給基督徒的真理，帶領他們進入歷史中一些艱難的地方，在那些地方，真理必須向權力說話；在那些地方，人可以找到羣體活生生的經驗。楊格（Mildred Binns Young）寫到第一代貴格會的羣體生活，他們單因為活出居衷在他們裏面的基督的光，便不斷為自己帶來苦難。楊格談到在這「近乎滅絕性的迫害」之下，貴格會會友「以從未有過的方式吸引別人」。[8]

這些公誼會會友不用設計吸引人的計劃，以衍生羣體生活。相反，「他們的需要令他們待在一起」——好像照顧被囚的成員和他們無依無靠的孩子的需要；在收稅官員充公了他們大部分牲畜和工具後，分享他們僅存的牲畜和工具的需要；向當局請求從不公義得解救的需要。楊格寫道：「因此公誼會的聚會，沒有任何公社制的理論，卻有這樣的效果。」[9]

理論只能夠提供線索。羣體來自忠心的生活。如果基督徒可以在家庭和生活的社區、學校和工作地點，以及國家中過這樣的生活，我們對創造既具人性又具神聖的羣體，都會有貢獻。今天沒有比這更迫切的見證了。

註釋：

1. Philip Rieff, *The Triumph of the Therapeutic*（New York: HarperCollins, 1966）.
2. C. Wright Mills, *The Causes of World War Three*（New York: Simon & Schuster, 1958）.
3. Dietrich Bonhoeffer, *Life Together*（New York: HarperCollins, 1978）, 26～27.
4. Richard Sennett, *The Uses of Disorder*（New York: Norton, 1992）, ch. 2.
5. Martin Buber, *Between Man and Man*（London: Routledge, 2002）, 9.
6. 參 Parker J. Palmer, *The Company of Strangers*（New York: Crossroad, 1983）。
7. 一個好例子是"Lost on the Moon"，霍爾(Jay Hall)在此描述的模擬遊戲："Decisions", *Psychology Today*, Nov. 1971, 51。也參 CSAP Institute for Partnership Development, "Involvement Activity A.3: The Moon Walk," preventiontraining.samhsa.gov/cti02/17h-Cda3.htm。
8. Mildred Binns Young, *What Doth the Lord Require of Thee?* Pamphlet no. 145（Wallingford Pa.: Pendle Hill, 1966）.
9. Young, *What Doth the Lord Require of Thee?*

第五章
不足的世界，豐足的福音

不足（scarcity；或譯「稀缺」）和豐足（abundance）是我們這個時代政治和經濟辛勤努力的基本概念。世界分為「擁有者」和「無有者」，分為遠超吃得飽和穿得暖的人，以及缺乏基本生存物質的人。人們預計天然資源會減少，對科技縮窄差距的能力變得愈來愈悲觀時，甚至我們這些「擁有者」也開始感到恐懼。而在我們的恐懼中，我們消耗和儲存更多，令地球的公義變得更不平衡。

這些事情廣為人知。但人們可能不明白的是，不足和豐足也是我們屬靈生命的基本概念。我們對我們屬靈覺醒的狀況和我們回應政治與經濟錯誤的能力兩者的聯繫，談得不夠。我們默觀的質素，很大程度上決定了我們視生命是受到擠壓、限制和恐懼，還是開放、擴展和自由的。如果我們內在的生命是不足的，是貪婪的，我們肯定不會活出外在的見證，公平和憐憫地分享大地的資源。

在這篇文章，我想檢視世界不足的邏輯和上帝豐足的應許。我想將不足和豐足看為屬靈追求的面向。我想提出三個方法，讓我們幫助自己和其他人，由不足這種毀滅生命的習慣，走向豐足這種肯定生命的本能：教育、羣體和禱告之道。

不足的假設

比我們所知更甚的是，我們的生命由規則管理——不是公民社會的規則，而是源自我們對生命所作的假設的規則。我們每個人都充滿這些假設，充滿「事情是怎樣」以及「我們可以期望甚麼」的信念。我們的態度和行為都受到這些信念模塑，而我們很少檢視這些信念，因為如果我們察覺到它們的話，也會認為它們只是反映現實。

如果我們相信人生就是一個森林，那麼生活的方式對我們來說便很可能是那樣，但這不是因為人生實際上是森林，而是因為這個假設令我們採取引致森林在我們周圍出現的方式行事。偏執狂最終創造出那些本來只在自己想像中才出現的敵人。這些預言成真，不是因為它們無可避免，而是因為我們的行動予它們生命，**好像**它們是真實的那樣。

不足和豐足也是這樣。生命的基本需要，很多還是短缺？那視乎你的假設。你假設那些基本需要是甚麼？如果鑽石對你是重要的，不足便成了問題。你對供應的來源有甚麼假設？如果生命的一切需要都必須透過金錢與別人交換才得到，那便很難看到在對市場的倚靠以外的豐足了。

大部分人也似乎假設了「不足」是生命的寫照。我們還可以怎樣解釋我們社會普遍存在的那種對攫取、消耗和儲存的迷戀？我們活著時不斷為將來感到恐懼，生怕金錢會用完，食物供應會短缺，會沒有房屋居住。我們根據這些恐懼行動時，假設會變成現實：當我們懼怕將來，我們消耗得比自己需要的更多，商店的貨品真的會短缺，價格真的會上升，供應會變得短缺。

這種自我實現的預言的悲慘受害人，當然就是世界上的無有者，他們缺乏資源去為他們的經濟恐懼作出反應。對他們來說，不足完全不是假設：那是生命艱難和殘酷的現實。但這現實是由有選擇的人製造出的——選擇不足這假設，緊抓自己可以找到的；又可以選擇豐足這假設，並以創造和分享豐足的方式生活。對我們這些富裕和受過教育的人來說，選擇各種假設不單是學術活動或頭腦練習；別人的生命和我們自己的靈魂都將受到影響。

豐足的現實

當我們觀看大自然，觀看在創造中白白地賜給我們的東西時，我們不能不因為它的豐足而留下深刻印象。如果得到正確的對待，大自然似乎能夠無限地自我更新和補充。種子在肥沃的泥土中生長；動物快速地繁殖；泥土因為植物羣和動物羣死亡而得以再生；大地的繁殖能力是超乎想像的。而大自然沒有現成的東西供應，但人類的科技卻能夠生產合成品、化合物和衍生物，以滿足我們每一個需要。讓我們暫時擱下我們對大地的誤用和圍繞我們科技的瘋狂不談，單按「正確次序」來思想大自然和人類的創新能力的豐足吧。

在這種豐足中，我們可以怎樣解釋不足這個假設？當我們被能夠滿足人類合理需要的恩典圍繞，我們怎會得出供應短缺的結果？

第一個答案是：我們傾向按自我和文化的想像，過分重視某些東西。我們誇大某些東西的重要性，將自己的快樂建基於是否能夠擁有那些東西，而當數以千計的人都同時對同一件東西感到著迷時，那東西便變得稀缺——要不是由於供應減少，就是因為價格上升，超過大部分人的負擔能力。

另一個答案在於我們習慣任意限制供應的來源。食物幾乎可以在任何可以找到黑土的地方種植。但當我們堅持將很多土地用作草地，或建商場，或建停車場時，我們便限制了農業的發展，令它變得稀缺。這不是因為大自然變得不那麼慷慨，而是我們選擇了拒絕它的恩賜。

人類這種動物真正了不起的地方，不是我們將豐足變成不足，而是我們向聖靈的無限恩賜做同樣的事情！過分重視鑽石，或者蕃茄供應不足是一回事，但視愛、情感、信任和尊重為稀缺的，則是另一回事，但我們有多少人正這樣做？在人際關係中，我們不是經常表現得彷彿愛的供應是有限的，別人得到太多，留給我的太少？這是所有人類妒忌和嫉妒的基礎，這種本能使我們認為這些「屬靈的貨品」供應不足。

或者就用快樂這種人類福祉為例子。很明顯，享受樂趣的方法是無限的，問題是受到我們的想像力所限。我們有多少人度週末和夏日假期時，抱怨沒有**真正**享受樂趣，或者我們花的金錢不足以買到足夠的「快樂產品」？我們將製造樂趣的能力交給運動業者、賭場老闆和旅行社，限制了樂趣的供應。我們令自己成為焦慮和貧乏的消費者，想從認可的來源中消費，卻沒有足夠的現金或得不到滿足。我們將明顯的豐足變成不足。

或者用另一個無形的東西為例子：教育。教育明顯是人類精神無限的歷險，在任何地方，任何環境，用我們可以想像到的任何物質，都可以施教。甚麼是學習或教導的限制？完全沒有。那麼，為甚麼我們在教育周圍加上界限，並稱之為「學校」，將上學變成激烈競爭的產物？為甚麼我們將人類經驗中無限的東西變成稀缺的東西，製造一個情境，令人的自尊，以及太多時候也包括生命的軌迹，都由「有些人得到更多、有些人得到更少」這事實來決定？

不足的動力

實際上為甚麼？我們愈追問這個問題，它便變得愈令人迷惑。一旦我們明白我們很多的不足都是自我施加的，一旦我們明白這只會給我們帶來悲傷，我們便更要懷疑，為甚麼我們故意選擇較少的分。

我們這些富裕和受過教育的人，太容易將不足的遊戲歸咎於貪婪的政治和經濟。很明顯，是貪婪在作祟。如果你可以說服別人相信，他們需要某些東西，接著你限制和控制它的供應，你便有權力或財富，而權力會帶來財富，財富也會帶來權力。因此，某些人因著一己私利，在不足不存在時製造不足，而自私是任何人類行為的充分解釋。

但一些人的自私，並不足以解釋為甚麼其他人會屈從於他們對不足的定義。只因為有些人想藉著推動一種不足的幻象而取得權力和財富，我們就要接受這幻象？為甚麼我們讓不足的君王赤身走到街上，卻不喊叫「國王沒有衣服」？

這個問題的答案，深入我們屬靈光景的最深層面。因為我們獻身於不足這幻象——同樣，我指的是那些有選擇的人——不單出於政治和經濟考量。歸根究柢，它與我們對身分的認同感有關。我們大部分人對自我的感覺不是來自我們與別人有甚麼共通點，而是來自我們與他們有甚麼差別。我不是根據你和我有甚麼共通點，而是根據我有你沒有，或我沒有你有的東西來界定自己。我根據我們相對稀缺的來界定自己。

在我們的心深處，我們害怕共通性。我們想獨特、與眾不同、個人化。我們很少留意我們相似之處，但卻十分留意我們不同之處——外表、教育、地位、財富。我們碰面時，很快找我們相異之處的證據：你做甚麼？你在哪裏上學？在這一切背後是評估和衡量，考量誰擁有更多，誰擁有更少，找尋我們的分別。

為甚麼需要感到與人不同，將自己從羣眾區分出來？或許因為同一性（sameness）對我們來說就好像一種死亡，給淹沒在人海中。我們總是掙扎著要將頭冒出水面，於羣體中「鶴立雞羣」，彷彿世界會拯救我們的生命。事實上，正如每一個泳手都知道，真正的方法是放鬆，倚靠水的浮力支撐身體，而不要對抗它。但我們那麼害怕我們的區別死去，以致我們極力要冒出我們共同人性的水面——其實是共同的人性支撐著我。

在神學上，我在這裏說的是偶像崇拜的問題。因為從擁有稀缺貨品取得身分認同，我們就是在生命中以那些貨品為神。我們賦予這些神祇令我們快樂和悲慘的權力；並賦予這些神祇歧視別人，將有價值的人從沒有價值的人、將較好的從較壞的人分開的權力。藉著將我們的身分依附到只有少數人能夠擁有的東西，我們忽略了所有人類生命固有的寶貴。更糟的是，我們在協助維持一種社會結構，是給一些人特別大的價值感，卻令另一些人完全感受不到自己是有價值的。

豐足的福音

對我們這些相對富裕的人來說，不足和豐足是有其屬靈根源的問題，而不是外在於我們生命條件的。當我們緊抓著世界的資源——物質或其他——我們便在製造外在的不足。但那不足反映了我們內在的景況，在這個景況中，我們嘗試製造意義，以依附來平息我們的恐懼。當然，我們愈依附，意義愈退卻，恐懼愈得勝：無論我們擁有多少，我們總「需要」更多。

與緊抓生命相對的是強調「放手」，這是所有偉大屬靈傳統的中心所在。在禪宗，方法是不斷倒空，不讓思想執著任何觀念或經驗或慾望或形象不放。在所有東方默想操練中，關鍵都是放鬆和放下意志，放棄一切虛假的保障，藉以安息在現實和真理的大能中。

在基督教的中心可以找到相同的路徑。福音的核心不斷強調信任上帝的豐足，以及超越我們對不足的恐懼。耶穌說：「看百合花怎樣生長」：

它也不勞苦，也不紡線。然而我告訴你們，就是所羅門極榮華的時候，他所穿戴的，還不如這花一朵呢！你們這小信的人哪，野地裏的草今天還在，明天就丟在爐裏，上帝還給它這樣的妝飾，何況你們呢！你們不要求吃甚麼，喝甚麼，也不要掛心；這都是外邦人所求的。你們必須用這些東西，你們的父是知道的。你們只要求他的國，這些東西就必加給你們了。（路十二 27～31）

放手的核心是信心和信任。如果我們不信任上帝「知道我們的需要」，我們會緊抓生命的必需品、甚至是奢侈品。不相信上帝會供應，我們就只好為了不確定的明天而囤積。但當世界充斥著例子，表明信任是蠢人的生活方式時，還有甚麼理由要信任？懷疑，不以任何事情為理所當然，爭奪比我們所需的更多的東西，為了將來的威脅而囤積，不是謹慎的做法嗎？哪怕只是少數人這樣做，都會營造出信任本身是不可信的氛圍。

或許這個情況——包含自我實現的焦慮感和物質保障的幻象——是上帝供應的一部分。正是當我們以為可以買到保障，然後經歷「蟲能咬，能銹壞」的損失，我們大部分人都得到悔改的機會。當大部分人只在努力將金錢、地位或物質充裕，放在只有上帝可以填補的空洞中，並因而崩潰，他們才會學到不足和豐足的弔詭。

這弔詭是甚麼？就是「得著生命的，將要失喪生命……失喪生命的，將要得著生命」。真正的豐足不會臨到那些一心一意要取得財富的人，而會臨到那些願意分享不足、其實卻在創造豐盛的人。那些尋求幸福，緊抓比自己的需要更多的人，會發覺生命受到擠壓和變得可怕。他們只會收割需要愈來愈多的焦慮，這焦慮由害怕有一天一切都會被取去所燃點。但那些服事弟兄姊妹，知道真正的豐足不在於囤積、而在於羣體的人，卻會找到豐盛的生命。為了別人而在，他們有理由相信別人也會為了他們而在。

這當然是悔改——字面意思是「轉向」——因為它將世界不足的邏輯顛倒過來。緊抓帶來更少，放手帶來更多。上帝想我們從不足的恐懼中學到的，不是貪婪的資本主義，而是「我們不能買到我們所尋找的身分和保障」這屬靈洞見。只有當我們放手，活在上帝的恩典中，也就是和那些人，也就是那些其不足並非幻象而是生死攸關的事情的人，休戚與共地生活，我們才可以得到身分和保障。

我們這些有餘的人朝向這休戚與共走去時，我們會明白在物質不足中生活的人，往往比我們更明白屬靈的豐足。這些人總需要超越對資源稀缺的世界的信賴，他們會在屬靈的路上成為我們的嚮導。他們是最接近耶穌的人。他們是在後的人，但福音令他們變得在前。在他們的生命中，不足和豐足的弔詭向凡有耳可聽、有眼可看的人都清楚顯明了。

教育的道路

我們怎能超越不足這個自我實現的預言，從而進入分享豐足的世界？首先，我想談談稱為教育的這條道路。

教育的結果應該是智能——如果理解得正確，這種質素在人類本質中應該是豐足的——但諷刺的是，在我們的社會中它成了驅動稀缺的引擎。今天，學校的主要功用是派發證書，令一些人比其他人得到更多的人生報酬——物質和非物質的——包括找到想要的工作、財富和權力。而為了支持這個社會功能，教育過程本身變成了對稀缺資源的競爭。

在五十個學生的班級中，老師應該有可能在學期結束時給五十個 A。事實上，優秀的教學應該能夠這樣！但這很少發生，除了在成績已經通脹到令 A 變得完全沒有意義的地方。相反，我們有荒謬的拉曲線評分方法，而這個系統只能讓很少百分比的人得到 A，較大百分比的人得到 B，最多人得到 C，少一點人得到 D 和 F。但還有甚麼比理解的潛力更豐足？還有甚麼系統，比這樣一個迫使人們爭奪本身極其豐足的貨品——彷彿一切並不足夠——的系統，更荒唐和可悲？沒有任何地方更好地説明我們怎樣將豐足變成不足了，因為我們相信競爭是決定誰得到甚麼的最好方法，卻不理會競爭為勝利者帶來豐足，為失敗者帶來不足這事實。

當然，我們想學校製造出在某些工作上表現出色的人，例如技巧純熟的外科醫生。但為甚麼我們只獎勵少數特別努力的學生，卻懲罰那些比較起來有點不足的學生，彷彿生怕如果不令他們充滿競爭，我們的外科醫生會變得平庸？因為我們非常肯定一點：才幹供應不足，故此只有少數人可以得到。

當然，結果是在醫學院，作弊對很多人來說是生存策略，而醫學界不只剝削消費者，也達不到我們這個富裕國家應有的水平。不足的預言在我們醫生不足中實現了（特別是在比較不能賺錢的市場），還有醫療服務的高收費，更不要提健康護理的專業人士不知道怎樣為了病人的好處而好好合作。就在我們可以為了創造公共衛生的豐足而培訓醫生時，我們卻令他們養成競爭和不足的習慣，藉此訓練他們；可是競爭和不足的習慣卻令我們所有人衰亡。

教育工作者的真正呼召是成為豐足的助產士。教育的古典定義——拉丁語 *educare* 的意思是「引出」——給我們所需的意象，因為教育運用的資源是在每個人裏面，等候人們將它引帶出來。

同樣，一些假設是重要的——在這裏是我們關於人類本性的假設。我假設每個人都包含教育想培養的所有潛力：洞見、觀察力和分析的能力、欣賞的能力、創意的活力。竅門是創造足夠的信任和自我肯定來釋放這些潛力。但傳統的教育似乎假設了人們要不是沒有這些潛力，必須從外面得著供應，就是假設人們的本性扭曲地拒絕實現自身的潛力，而必須找著去這樣做的誘因。研究顯示，被老師假設為愚蠢的學生表現得很差，而被老師假設為聰明的學生則表現得很好——雖然事實是有關學生的學術能力都屬於正常範圍。我們應該選擇甚麼：不足還是豐足？

要在教育中由不足過渡到豐足，其困難在於我們只專注於一種智能：理性認知的能力。我們的學校根據這單一的面向將人們評級，製造一種競爭性的零和遊戲，並增強不足的思想，嚴重傷害真正的學習。不過，有些人以邏輯思維學習是學習得最好的，另一些人則以直覺，還有一些人以雙手。有些人用符號和象徵經驗生命，另一些人則更善於感受顏色、質地和形狀。有些人透過默觀學習，另一些人則主要透過行動和參與學習。對人們學習和認識的多元方式，為何不加以確認和培養？為甚麼不將我們的學校變成人類智能這廣大的豐足得到培育、歡慶和運用的地方？

這個可能性可以由一個老師開始，這個老師願意由指示清晰、卻為了不足的資源而競爭的高速公路，走向指示不詳、卻在教育上豐足的小徑。但這樣做，得確信豐足是可以找到的，而信任總包括冒險。

這裏的冒險始於擺脫傳統的教育方式：由老師發施號令，分發由他們掌控的稀缺資料。可是，當為了豐足而教導，並以學生將知識帶到課堂為前設時，教師因為與學生分享權力而失去一些控制權；有時，學生反而可能在教導老師。在這些環境下，有些老師難以維持對身分的認同感，因為他們習慣了藉著剝奪學生的個人身分認同而取得自己的個人身分認同。

為了豐足而教導也會遇到學生的抗拒。教師感到這個問題特別痛苦，因為他們「為了學生的緣故」而改變教學方式。但傳統的教育，雖然要學生臣服，卻也將他們放在舒適和受保護的位置，永遠不會揭露他們知道或感覺到甚麼，而他們可以被動地吸收老師分發的材料。在老師為了豐足而教導時，學生必須上前，開放自己，回應別人。而這帶來威脅，學生可能討厭或抗拒。

同時，對於那些嘗試為了豐足而教導的人，同事的反應是另一種風險。教育工作者會受制於固有的思想，將教育設想成資源稀缺的競爭，那麼，豐足可能招來懷疑和不信任。放棄將「內容」灌輸到「空白的腦袋」這種「訓練方式」，教師會受到質疑，會被視為疏懶或無能。「令學生成為教師，教師成為學生」的教學方法，經常被戲謔為「嘮叨的環節」。這些實驗性的教學法可能確實不夠具體：我們在這方面只有很少經驗，而且它們同時令學生和老師抗拒主流習慣和傳統的強大力量。但只有藉著在教學上冒犯錯的險，我們才可以開始培養出不同的教導和學習的模式，是容許人類智能的豐足出現的。

這一切都提醒我們，教育歸根究柢完全是屬靈的事業。它處理生命中最深層的問題；它要冒信任的險；它可以引發個人和團體最內在的資源。屬靈的旅程能帶我們走向豐足，回應我們最深的需要。當教育拒絕「智能和它的報酬是稀有的」這觀念，接受「這些好處是豐足和所有人都能夠得到的」這個事實之時，它便成了那趟旅程的一部分。

羣體的道路

我對教育所說的很多話，都假設教育必須變得更共享，更少個人主義和競爭的色彩——如果它要成為朝向豐足的路徑的話。但羣體這個課題值得獨立處理，因為它的潛能不單發生在學校，也發生在家庭、社區和工作的地方，以致遍及整個公民社會。和教育一樣，羣體根本是屬靈的事情。

從某個角度看，羣體的存在，只是為了前面日子的生存需要；它是分享貨物和服務的方式，而這種分享方式可以做到的，比我們私人化的生活廣泛得多。當一間服務公司可以不受限制地服務十二個家庭時，為甚麼街上每個家庭還要有自己的電動剪草機？在某些城市，食物合作社也因為同一個原因而流行起來：當不同家庭可以一起大量購買食物，從而減少開支時，為甚麼它們要各自到商店購買食物？因此，羣體是藉著更全面地分享資源而從不足的資源中擠出豐足的一種方法。

但單從實際的層面看，羣體似乎是不可能的。我們的自我實在太強大，我們的個人主義實在太根深蒂固，大家只是為利益而待在一起，像假結婚那樣。要羣體持久，它必須在更深的層面聚集，而這層面只能夠稱為屬靈的層面。當我們共同感到上帝豐足的愛而聚集在一起時，我們對彼此那時有不足的愛，便不會令我們分開。

當羣體存在是因著渴望與我們當中最微小的人——飢餓、衣不蔽體和無家可歸的人——分享上帝的愛，這時聯繫就變得特別有力。因此羣體是豐足的表達，是上帝對我們的愛的湧流。羣體也是驅動豐足的引擎；當我們將每個人的那麼一點點聚集在一起，並發現整體比部分加起來更大，這時豐足便來到。在羣體中，我們有機會認識到，愛、信任和尊重在你施予時會增長；在羣體中，我們有機會認識到，每個人都值得我們這樣看待。

當我們在全面的日常生活、而不是十分專門化的分工中彼此交往時，這種學習便得到促進。為了讓羣體好好運作，完成自身的目標，很多需要必須得到滿足：需要預備食物和洗碗碟；有危機需要處理；有決定需要作出；有金錢需要收集和花費；亦需要學習、崇拜和彼此照顧。最強大的羣體是讓每個人在這些功能中都能夠好好扮演自己的角色。

當人們聚集在一起，將他們在每一個領域所知道和不知道的事情都放在一起時，我們很快便會明白到人類恩賜的豐足和多樣化。我們明白到一個善於處理危機的人，卻不是日常例行公事的領袖；我們看到似乎不夠決斷的人，在崇拜中卻是有力的領導者。我們明白到，大家的恩賜不同，每個人都擁有一些我們需要的東西，但沒有一個人擁有一切。我們明白到，我們需要的資源存在於羣體中，羣體只需要打造合適的環境，容許這些資源自由地獻出。

在強大的羣體裏，生命的需要通常不是藉由外面引進而得到滿足。它們是從羣體裏面引發的，有時是為了回應羣體裏面的訴求的。強大的羣體不會有駐場的精神分析學家處理成員的生命危機。它的成員會倚靠自己的資源，學習彼此相愛。了不起的是，我們每個人裏面都有很多資源，是除非環境要求，否則永遠不會發現的；而在真實的羣體中，這些環境會不斷出現！

羣體不是由專門的專業人士、而是由一般的業餘人士組成。我們應該記得，**業餘人士**（amateur）這詞字根的意思是「愛好者」(lover),即出於愛好而有所行動的人。愛最終是生命中一切豐足的來源,當愛從我們流出,我們的豐足便變得清晰。醫治的關鍵是關心:似乎愈來愈明顯的是,我們這時代的種種病態,不是由仍然以他們的服務為稀缺的專業人士來醫治,而是由關心和豐足地施予的業餘人士來醫治。

在這些關於羣體的思想裏面,蘊含著我們時代一個主要問題的幾個線索:怎樣從我們龐大、非人性化的建制,轉向更具羣體性的方向走去。我在這裏探討的羣體的每一個標記,都是與建制的特點相反的。羣體表現出多重功能時,建制表現出一兩個功能。羣體的成員分享所有工作,建制則建基於清楚的分工。羣體培養一般的業餘人士,建制則孕育專門的專業人士。

藉著包容更廣泛的功能,以及藉著邀請當中的成員為大家承擔其中一些功能,建制可以更具羣體性。例如:大學讓「專家」承擔所有工作——從預備食物、處理垃圾到打掃地方等等——因而不住削弱羣體的可能性。如果將部分工作交給職員和學生,大學會更接近羣體。它會開始發現存在於成員中那恩賜的豐足,並且得到提醒,記起一個於教育上的重要事實:如果我們不同時尊重水喉匠和哲學家,我們的水管和我們的理論都「不管用」。[1]

很明顯,這需要聖靈的工作才能説服教師和學生分擔這些工作!我不單是為了打趣才這樣説,而是提醒大家,羣體所倚靠的,是人們感受到聖靈在他們生命中的工作。在我們的時代,聖靈四處作工。我們渴望羣體,並超越對不足的焦慮，分享豐足。

禱告的道路

如果我們要將對不足的恐懼轉化為豐足的福音，我們必須一再回到屬靈生命的基礎：禱告。我不是指「將禱告說出來」，這有時似乎表示特別祈求上帝給我們稀有的資源，以免其他人取得。我是指到一種生命，一種不斷回到我們裏面那安靜、獨處的地方的生命，而在那安靜、獨處的地方我們遇見上帝，生命的豐足變得明顯。

活躍的生命令我們感到自己要倚靠一些事物。我們在這裏需要投票，在那裏需要食物，也需要金錢、交通或支持。當我們在世界的日常事務中忙亂，我們受到引誘，令我們相信要完全倚靠世界的資源，而這意味著根據世界的規則行事。這些規則告訴我們，我們生存和成功所需的東西十分短缺，我們必須比別人走快一步，以免落敗。

禱告的生命卻是不斷回到業已遠離的地方的生命，在那裏脫離稀缺的世界的要求，讓我們看穿它的幻象。這是禱告的核心，從幻象到真實的旅程。我們必須對抗的幻象中，稀缺這個幻象是最有害的。我們深入聆聽上帝的話時，日常那種貪婪的生活方式便變得十分荒唐！在那靜默和獨處中，單單與那位單獨者一起，這個稀缺版的世界便會被視為網羅和幻象——當上帝豐足的應許不是以將來的可能性、而是以當下的現實來到時。

或許這是禱告的道路最不可思議的目的地：明白我們想有和需要的豐足於此時此地就在我們四周和裏面。我們只需要轉向它，以令它顯明的方式活出我們的生命。

註釋：

1. 在一九九四至一九九五年學年，我在肯塔基伯里亞（Berea）的伯里亞學院（Berea College）擔任莉莉訪問教授（Eli Lilly Visiting Professor）。伯里亞在一八五五年成立，為阿巴拉契亞（Appalachia）的年青人提供高等教育。這間學院不收學費，卻要求學生從事不同形式的工作，促進他們的教育和維持學院。在寫了這些話十五年後，我很高興親眼看到我寫的事情可以在書頁以外的地方找到！

第六章
知識的轉化

使徒保羅是偉大的教師。他教導一位「成為人的上帝」，而他的教導是那麼激進，他的聽眾往往敵視他；但即使到了現在，他的教導仍然值得留意。歷史沒有否定它，我們也不能這樣做。

每個基督徒都蒙召以某種方式成為教師。這呼召可能帶領我們一些人進到學校和大學的教室。其他人則在家庭中、羣體中或工作的地方作教導。如果正如基督徒所相信的，「在基督裏一切都變成新的了」是真實的話，我們必須嘗試了解我們的信仰可以怎樣更新我們對教導的理解。

保羅給哥林多教會的第一封信的第二章，可以視為教導和學習的論文，它在今天和在它寫成的時候同樣有力。在其中，保羅對自己教導風格及其源頭的描述，令人想起懷海德（Alfred North Whitehead）的主張：所有真正的教育都是宗教教育。[1] 保羅談到學生如果要深刻和好好地學習，必須擁有的內在質素；並提醒我們，為甚麼我們經常遇到學習困難。保羅將能啟發人心的教導和他那個時代的詭辯智慧作對比，而這與我們的學術文化有明顯的對應。

保羅的話傳遞出一個教育的異象，它雖然經過了差不多兩千年歷史，卻歷久常新，鏗鏘有力：一個經過了那麼多個世紀仍然充滿活力的異象，肯定是建基於十分實質的東西。無論我們在課室還是其他地方作教導，都可以向保羅學習。他處理一個歷久常新的問題：真理來自哪裏？它怎樣觸及我們？這些問題都存在於所有蒙召教導和學習的人心裏。

一

> 弟兄們，從前我到你們那裏去，並沒有用高言大智對你們宣傳上帝的奧祕。（林前二1）

教授（professor）這個詞的原本意思是承認信仰的人。成為教授，就是宣告對那超乎人類設想的力量、並且對其立足點有信心，深信自己是站的堅固土地上。可是今天教授的角色卻是以謹慎來限制真理的宣稱，令學生慣於含糊。很多大學生最常經驗到的，是腳下的地土被移去，卻沒有任何堅固的立足點可站。很大程度上，今天的教授不是可以告訴你「上帝保證了甚麼」的人！

或許這是為甚麼保羅提到的「高言大智」在學術圈中是那麼突出。這令我想起一個講師，他的講義包括這個旁註：「這一點很弱——高聲說出來！」當相對（relativity）統治一切時，我們除了依靠勸說的技巧、甚至是權力外，還可以怎樣令人相信？沒有甚麼可以承認的教授，很快會發覺自己在從事一些更像擺姿勢的工作。

雖然如此，保羅絕不會否認將地土從人們腳下移走的重要性。他在往大馬士革路上的經驗——他以前相信和教導的一切被推翻——與大學新生初次接觸哲學時的一樣：那是多麼令人震驚！[2]但保羅在大馬士革的震驚不是來自詭辯的演說，那是來自與活潑的聖靈相遇，聖靈抓著保羅，向他說話。

保羅肯定會同意，真正的教育涉及破除神話和虛假信念的幻象，因為如果他沒有經過這熔爐，他仍然是掃羅。但如果學習要發生，受動搖的學生也必須聽見盼望和應許——應許新的洞見會進入那些願意被破碎者的生命。偉大的教師不單會粉碎我們的幻象，他們也會為知識作具體的見證，指出我們腳下的地土失去後，會有更堅深的立足點可站。

二

因為我曾定了主意，在你們中間不知道別的，只知道耶穌基督並他釘十字架。（林前二2）

如果我們只說我們真正知道的事情，我們的教導會怎樣受到轉化！我們很可能會說少一點，但我們說的話會得到新的力量。聽的人會知道我們的話來自經驗，是建基於在我們生命驗證過的事情。因為保羅就是這樣認識基督：作為他生命中活生生的臨在，一種抓著他、改變他生命的力量。這是保羅的教導的力量，他的話反映一些發生在他身上的事情，他的話指向他自己以外的事情，直指事情的根源。

在嚴格的硬科學（hard science）中，大家十分明白，言語和概念必須建基於經驗——因為「實驗」畢竟只是受控制的經驗形式。或許主要在社會科學和人文科學中，語言有時會脫離生活，令教師可以自由地建構只有言語的世界，令學生迷失於他們陌生的世界中。

更糟的是，對太多學術圈的人來說——包括教師和學生——研究取代了經驗。由於我們談到貧窮，我們以為我們接觸了貧窮；由於我們談到公義，我們以為我們實行了公義。我們的教導和學習脫離了經驗性的知識時（experiential knowledge），便培養出一種幻象：思想一件事情，就是活出那件事情！

我認識一位教師，她的課堂有兩條規則：第一，只在感到必須說話時才說話；第二，只有在真正知道時才說話，或者真正想知道時才發問。在她的課堂，有時人們長時間都不說話，這些靜默會嚇怕典型的教師和學生。但在這裏，靜默是懷著期待和盼望等候，希望保羅學習和教導的那種經驗性的真理，也可以成為我們經驗性的真理。這種靜默被打破時，我們會更有信心，深知那是值得傾聽的。

三

> 我在你們那裏，又軟弱又懼怕，又甚戰兢。我說的話、講的道，不是用智慧委婉的言語，乃是用聖靈和大能的明證，叫你們的信不在乎人的智慧，只在乎上帝的大能。（林前二 3～5）

保羅明白，身為教師，他能做到的，頂多也只是溝通的渠道，傳達來自他以外的教導；那教導比他大，是他靠著自己不能傳達的。他明白我們的任性可能妨礙我們的教導，並以個人的風格或技巧令聽眾留下深刻的印象——或失望！——這令聖靈無作工的空間。

但在這裏更了不起的是：保羅對自己的破碎的理解，他的「懼怕……戰兢」幫助而不是妨礙他發揮教導的能力。教師以這種方式坦誠以待時，學生看到活生生的見證，看到上帝在人的限制和脆弱中工作，並透過這些限制和脆弱工作，於此，聖靈確實進入被破開了的生命：不單是教師所說的話，甚至這個被破開了的教師也可以成為具治療作用的溝通渠道。這令我記起保羅另一段話：「我們有這寶貝放在瓦器裏，要顯明這莫大的能力是出於上帝，不是出於我們。」（林後四7）

保羅的話對如此「破碎」(brokenness)——能力不足、缺乏專注或預備不足——的教師，不能帶來任何安慰。保羅說他不倚靠自己的能力時，不是提倡「即興演出」。他告訴我們，他懷著「懼怕……戰兢」來教導，這表示他感到呼召的重擔，而他十分認真地看待這呼召。弔詭的是，十分認真地看待教導，意味著你明白到進行教導的是真理，不是你：那是自我的去除。只有當教師能夠承認一個活生生的真理，一個在教師的真我中體現的真理時，這種事才能發生。只有當教師能夠以自己的方式祈求「不要成就我的意思，只要成就上帝的意思」時，這種事才能發生。

四

然而，在完全的人中，我們也講智慧。但不是這世上的智慧，也不是這世上有權有位、將要敗亡

之人的智慧。(林前二6)

我們這些在學校作教導的人，可能會因為保羅的教導是給「成熟的人」(編按:《和合本》作「完全人的」)而感到不安，因為我們慣常以為教導和學習是一種讓學生變得更成熟的過程。但教導往往顯得困難，又是否往往因為我們的學生仍然知得不夠，以致不能受教?

生命不單是教育，這「不單」有部分必須先發生，教育才能夠確立。古德曼(Paul Goodman)曾經說過，大學應該是人們在學到一些東西**後**才進去的地方，以致他們可以有機會反思學到的東西!如果課堂上有一些學生是離開校園離開得夠久的，因而知道學校不是惟一的學習場所，大學的課堂便會更有生氣。

對保羅來說，「成熟」不是擁有所有答案。事實上，這種面對生命的態度是一種死亡來的，因為它向稱為啟示的驚奇封閉。相反，保羅將成熟和明白「世上的智慧」和「世上有權位的」「將要敗亡」聯繫起來。很明顯，有智慧的人是明白傳統智慧之不足、流行真理觀念之空洞的人。對保羅來說，智慧的開端不是答案，而是質疑已經確立的秩序，無論是智性方面還是政治方面。

這裏有一個關於教導的重要提示，因為我們這些作教導的人往往掉進不等候問題而給予答案的陷阱。**教育**這個詞的根本意思是「引出」——不單是提供新資訊，而是引出學生已有的知識，無論是有意識的還是其他:甚至是最稚嫩的年青人，也有些經驗是有利於激發教育果效的。提供答案很少可以啟發人，但提出問題卻可以。在合適的提問下，我們往往發覺我們知道得比我們以為的更多，或者對自己需要知道甚麼可以理出好些頭緒。

根據保羅，有智慧的人不滿足於單單懷疑、犬儒或反對，雖然在面對傳統智慧時，這些態度可能是恰當的。智慧表示樂意接受新的真理，向聖靈開放——祂回應我們心裏的問題，遠超社會對甚麼是真實的所有現成版本。

五

> 這智慧世上有權有位的人沒有一個知道的，他們若知道，就不把榮耀的主釘在十字架上了。（林前二8）

我們社會重視教育，很大程度上是因為它是通往權位和權力、地位和財富的途徑。透過教育，我們希望至少掌握我們自己的生命，並最終可以掌握別人和其他事情。我們誇口説「知識就是權力」，反映了我們在教導和學習，以及控制生命之間，建立了聯繫。

當然，相信我們有能力控制生命，是一種幻象。尤有甚者，這是對自我的偶像崇拜。生命的能力，雖然在我們裏面，但卻超乎我們。那是我們從來都不能擁有的能力，我們只能夠作好準備或堅決反對。在保羅的時代，那些受到世俗權力引誘、想繼續掌控的人，將耶穌釘在十字架上。真理的光總顯明那些為了自私的目的而運用權力的人的自大——他們總會嘗試消滅那光，把與無權者認同的人釘在十字架上。

可惜，教育是繼續將人釘在十字架上的共犯，特別是當我們用它來加強社會對「勝利者」和「失敗者」、對富人和窮人的區分時。教育在最好時，提供社會流動的機會，但往往不能服事那些貧窮、飢餓、赤身和被囚的人。聖經告訴我們，無論我們為我們這些弟兄中最微小的一個做甚麼，都是為基督而做的。一個變成了「令窮人更貧窮」的共犯的教育制度，是將基督重釘十字架的制度。

對保羅來說，正確的教導以培養敬畏而不是權力為目的。敬畏始於知道真正權力的惟一來源是在上帝裏面，這種權力是建立和醫治，而不是傷害和破壞。這種敬畏帶我們到一種認知，讓我們知道所有人都蒙上帝賜下恩賜，都蒙上帝所愛，所有人都配得全面發展和發揮的機會。

六

> 如經上所記：「上帝為愛他的人所預備的是眼睛未曾看見，耳朵未曾聽見，人心也未曾想到的。」(林前二9)

那麼多教導只處理眼睛能夠看見、耳朵能夠聽見的事情。我們為了表面的生命、而不是為了有深度的生命而施教。我們離開校園的淺灘，進入生命的水深之處時，很多人都需要忘掉很多在學校學到的東西，而第一次學習良善、真實和美好的東西。有些人重新學習時學得不夠快，發覺自己正在他們的教育從沒有探測過的水域遇險和掙扎著。

大家十分明白，有很多真理是超乎表象（appearances）世界的——即感官的世界——甚至在「硬科學」的世界中。科學家最終要處理的，不單是觀察本身，而是對那些觀察抱甚麼觀念，並深探物質的奧祕，這奧祕只能夠由理論參透，而且只是大致地參透。偉大的科學和對奧祕的敬畏往往攜手並進，我們不難發現科學家同意保羅的話，相信在「人心也未曾想過」的東西以外，還有很多事情。

但保羅走得更遠，他認為他教導的真理，只有那些愛上帝的人才能夠得到。將知識和愛聯繫起來是多麼不尋常的事情。在我們這個時代，知識和愛往往被視為是對立的：知道是理性思想的功能，而愛則關乎非理性的心。但在聖經的世界，**知道**這個動詞用來表達親密。聖經的子民明白，深層知識只來自認識者和被認識者之間的相互滲透；而真理好像一個人，只有在認識者以愛接近時，真理本身才能為人所知。

基督教的核心，就是宣稱「真理是位格性的（personal）」，這個宣稱最初在耶穌的話中找到：「我就是道路、真理、生命」（約十四6）。偉大的教導邀請學生與主體進入位格性的關係，這是一認識的關係（knowing relationship）——而在最好時，認識者和被認識者之間的關係，是與愛人者和被愛者的關係平行的。只有這樣我們才能夠真正「知道」。

這種對認識的取向，絕對不單是詩意的取向，也不是一種古老的理解，而是與當代大部分的認識論一致的。次原子物理學教導我們，觀察者的存在對受觀察的事物有影響；而科學哲學家告訴我們，我們不可能將兩者分開。我們的知識——絕對不是要求認識者和被認識者之間有「無菌」的安全距離——不會成為可能，如果我們與我們想認識的事物的關係不夠親密的話。

七

只有上帝藉著聖靈向我們顯明了，因為聖靈參透萬事，就是上帝深奧的事也參透了。除了在人裏頭的靈，誰知道人的事？像這樣，除了上帝的靈，也沒有人知道上帝的事。（林前二 10～11）

對保羅來說，靈向靈說話時（spirit speaks to spirit），知識便出現。如果我們想深入認識某些東西，只有與靈的對話才能夠做到。我們必須學習觀看和聆聽表面之下、表象以外，在那裏事物的靈（the spirit of a thing）可以為人所知。我們必須等候那靈顯明自己，不嘗試勉強找我們的路進去。我們必須帶著我們的靈，因為只有靈能夠明白靈的事物（the things of the spirit）。

但我們的文化一向教我們要害怕深入認識（deep knowing）對我們個人的影響，因此我們留在事物的表面，只視我們能夠衡量的事物為真實，視「靈」為原始的幻象。我們相信「客觀」是知識最可取的特點，我們可以藉著遠離我們要認識的事物，讓我們的知識不受個人接觸污染，從而實現客觀。我們想「認識」成為一種供觀賞的運動（spectator sport），在其中我們個人毋須參與，可以只是坐在一旁觀察。

在這種對客觀的堅持背後，是我們恐懼在關係中認識（knowing in relationship），冒被認識和改變的危險。它也確實是這樣！知識透過靈向靈說話來到時，我們的靈便被檢視，我們的生命會被改變。保羅在這裏談及的知識不是供觀賞的運動。它是與真理對話，在其中我們認識真理，真理也認識我們——在這種認識中，存在著挑戰和改變我們生命的大能。

保羅在哥林多前書差不多結尾時美麗地帶出這一切。談及我們面對面看見上帝時會有的知識，他說：「我如今所知道的有限，到那時就全知道，如同主知道我一樣。」（林前十三 12）

哲學家假設我們可以知道實在的本質（nature of reality），因為實在和我們的思想都具有理性的結構，而理性可以認識理性（reason can know reason）。可是，保羅相信我們可以知道甚麼是真的，是因為真理是位格性的，而我們是位格人。正如我們能夠愛，只因為我們蒙愛；我們能夠認識，只因為我們被認識。上帝的靈不斷在愛和真理中與我們接觸，想教導我們，想我們學習。這是保羅的教導的憑藉。

八

我們所領受的，並不是世上的靈，乃是從上帝來的靈，叫我們能知道上帝開恩賜給我們的事。
（林前二 12）

如果我們明白生命是恩賜，那已是足夠的悔改和轉向了。那理解會大大轉化我們的教導和學習。但現在我們視世界和我們知識的對象為一些要抓著、擁有和佔有的東西。

我們談及「追求真理」，彷彿它是要捕獵的獵物，而這個用法不是偶然的：我們設法認識一些東西，以便掌握它們，擁有它們，改變它們，控制它們。我們往往以我們的知識殘酷地對待世界——只需觀乎我們與大自然的關係，以及我們引發的生態大災難。當我們不視世界為恩賜，而視之為掠物時，我們是在破壞賜給我們的恩賜，也就是會支持我們的恩賜——如果我們懷著感激和謙卑之情來接受。

我們不以真理作為恩賜來領受，反倒追逐它、破壞它，我們知識的質素肯定受損。因為如果真理是位格性的話，那麼真理就像位格人一樣，不會向那嘗試將它強行打開的人全然顯露自己，只會向那以專注和尊重等候和聆聽的人全然顯露自己。攸關重要的那種真理，不會向那些對它呼喊使喚、然後嘗試將它擊倒在地上的人顯露它自己，為他們所認識。攸關重要的真理必須信任我們，我們才能夠與它建立關係。

或許，我們以真理作為恩賜之難，在於每種恩賜都令我們倚靠施予者——特別是生命的恩賜。我們接受這樣大的恩賜時，我們會感到有所欠和有責任，這違反了我們對獨立和自主的渴望。事實上，我們想學習的原因、我們會在社會中銷售教育的基礎，是知識增加我們獨來獨往的本錢，減低我們倚靠別人的可能性。現代教育是訓練自主性的（autonomy），在這處境下，幾乎不可能承認知識本身是恩賜！

但事實是我們要倚靠別人，無論我們是否知道或喜歡；而真正的知識既要求又催生我們對倚靠的謙卑和感激。真正的教育不是好像「高等教育」般注入虛假的驕傲和權力的自大，而是幫助我們明白，我們擁有的一切全是恩賜——恩賜是用來享用和分享，而不是用來嘗試宰制別人的。

九

> 並且我們講說這些事，不是用人智慧所指教的言語，乃是用聖靈所指教的言語，將屬靈的話解釋屬靈的事。（林前二 13）

保羅提出，施教者與學習者的關係應該好像聖靈與我們的關係。如果我們想這樣施教，我們必須明白聖靈的教導方式。

其中一種方式是自由：真理說出話來，我們有自由選擇聽還是不聽。如果我們聽到，我們有自由選擇跟從還是不跟從。回應在我們，但無論我們怎樣回應，那話都繼續會說出——自由的話（a word of freedom）繼續在自由中被說出來（spoken in freedom）。

聖靈並不脅迫我們聆聽或跟從，好的教師不會脅迫學生。這是對強迫性的教育制度的基本挑戰，這種教育制度再由評分的壓力強化。但在沒有自由的地方，便沒有真正的學習可以發生。無論我們是否知道、是否承認、是否喜歡，學生總會選擇是否學習。真正的教育將這事實提升到意識的層面，祝福它而不是忽略或抵抗這必然性。

第二，聖靈在愛中教導我們。上帝給我們的自由不是漠不關心的記號；我們在自由中不是被忽略或遺棄。聖靈渴望我們運用我們的自由來跟隨真理的道路，這道路通向最大的自由，是脫離生命中的死亡的自由。但如果我們拒絕這條道路，奴役自己，接受生命中的死亡，聖靈仍然與我們同在：上帝的愛堅持引領我們離開黑暗，進入光明。教師和學習者也必須這樣。雖然教師經歷學生的拒絕和抵制，真正的教師卻堅持引出每個學生其本性的「善良天使」，並懷著愛的精神這樣做。

第三，聖靈在真理中教導我們。上帝是幻象的偉大揭露者、聖像和偶像的偉大破壞者。上帝對我們的愛是那麼浩大，以致上帝不想我們擁抱虛假的形象，不論它們帶給我們甚麼虛假的安慰。上帝將虛假從我們身上除去，不論這樣會令我們多麼地赤裸，因為在真理中赤裸地生活，比穿上幻象生活更好。真正的教師太愛自己的學生，以致不能容許非真理不受挑戰。杜斯妥也夫斯基（Fyodor Dostoevsky）說得言簡意賅：「與夢中的愛相比，行動中的愛是苛刻和可怕的事情。」[3]

十

然而，屬血氣的人不領會上帝聖靈的事，反倒以為愚拙，並且不能知道，因為這些事惟有屬靈的

人才能看透。屬靈的人能看透萬事，卻沒有一人能看透了他。（林前二 14～15）

這裏保羅專注於學生和他們樂意理解的真理上。保羅提醒我們，教導不是單程路，真正的教導精神，必須配合學習者裏面的接受精神（a spirit of receptiveness）。在教師裏面工作的聖靈也必須在學生裏面工作，否則不可能有對話。

因此，身為學習者，我們必須祈求向聖靈開放，因為甚至是最聰明的頭腦或許亦不能自然而然就能夠接受到真理。而身為教師，我們不單必須留有空間讓聖靈在我們裏面運行，也要培養學習的情境，幫助學生向聖靈的運行開放。我們必須信任每個學生都有能力領受聖靈，正如貴格會會友説，在每個人裏面都有「這來自／屬於上帝」（that of God）的聖靈。然後我們必須創造課堂的環境，帶出往往隱藏著的潛力。

這種環境會是合作性而不是競爭性的，會幫助我們找出每個人的長處來栽培，而不是挑出弱點來剝削。這種環境獎勵那些承認無知者，正如獎勵説出正確答案的人那樣，因為只有在我們顯出自己的不知時，我們才能夠發現自己需要知甚麼。這種環境會尊重全人，而不單重視沒有實體的思想（disembodied mind），因為聖靈同時向我們的心和我們的智性説話。

正如保羅説，我們領受聖靈時，我們「看透萬事」。這是真正的教育的一個多麼了不起的定義！受過教育的人需要知道的不是事物的表象，這是我們的眼睛和耳朵很容易就得悉的；他們需要知道的是事物的價值和它在我們生命中的意義，這是眼睛看不見、耳朵聽不到的。

知道事物的價值的男男女女，他們自己的價值「沒有……人能看透」(not to be judged)。當然不！這樣的人不需要問自己在別人眼中的價值；這樣的人知道單因為是人，他們便最終是有價值的。作我們生命準繩、並向我們顯示萬物價值的上帝，是那位無論我們的狀況怎樣，都向我們每一個人說「你是蒙愛的」的那位上帝。真正和好好地受教育，最重要的便是明白這一點。

十一

「誰曾知道主的心去教導他呢？」但我們是有基督的心了。(林前二16)

「我們是有基督的心了。」這句宣稱聽起來多麼自大！但它不是以人類的自大而作出的宣稱。它是根據上帝在耶穌裏的道成肉身，根據上帝的道成了肉身而作的。如果道成肉身——同時是人性和神聖的存有的奧祕——表示了甚麼的話，它表示會朽壞的人可以有「基督的心」。基督徒的認信令人反感之處是：上帝取了會朽壞的人的形象，讓會朽壞的人可以有上帝的生命。

對基督徒教師和學習者來說，保羅在哥林多前書二章說出了基督的心的意義。在教導和學習中，正如在我們生命的每一方面，我們都被邀請擁有基督的心。在那心的恩慈和恩典中，教育由訓練我們技巧轉化為深化我們的智慧，從而更新我們的知識、我們的個人、我們的關係、我們的世界。

註釋：

1. Alfred North Whitehead, *The Aims of Education*（New York: Free Press, 1967）, 14.
2. 參使徒行傳九章 1 至 20 節。
3. Fyodor Dostoevsky, *The Brothers Karamazov*（New York: Signet Classics, 1999）, 66. 此書於一八七九年首次出版。

作者簡介

帕克・帕爾默（Parker J. Palmer）是深受敬重的作家、講員、工作坊帶領者和社會行動者，他專注於教育、羣體、領導、靈性和社會改革等課題。他的著作深刻地向各式各樣的人説話，包括公立學校、學院和大學、宗教機構、集團、基金會和草根羣體。

帕爾默在全美高等教育協會（American Association of Higher Education）擔任了十五年高級會士，現在是費茲研究院（Fetzer Institute）的高級顧問。他創立了「勇氣及更新中心」（Center for Courage & Renewal），主管為全國 K-12 教育工作者而設的「教學的勇氣」（Courage to Teach）課程，以及主管為其他行業人士而設的課程，包括醫藥、法律、事奉和人道工作（參 www.CourageRenewal.org）。

他出版了十二首詩，超過一百篇文章和八本書，包括幾本暢銷和得獎作品：《讓生命發聲》（*Let Your Life Speak*）、《隱藏的整全》（*A Hidden Wholeness*）、《教學的勇氣》（*The Courage to Teach*）、《民主，心碎的政治？》（*Healing the Heart of Democracy*）、《行動靈修學》（*The Active Life*）、《未來在等待的教育》（*To Know as We Are Known*）、*The Company of Strangers* 和本書。

帕爾默的工作得到肯定，為他贏得十個榮譽博士學位，兩個來自全國教育出版聯會（National Educational

Press Association）的傑出成就獎，一個來自美國基督教會新聞業協會（Associated Church Press）的卓越獎項，以及來自丹佛斯基金會（Danforth Foundation）、莉莉基金會和費茲研究院的主要贊助。

一九九三年，帕爾默獲得獨立大學高等教育傑出貢獻局（Council of Independent Colleges for Outstanding Contributions to Higher Education）的全國獎項。一九九八年，領袖計劃（Leadership Project）對全國一萬名行政人員和院系人員進行調查，稱帕爾默為高等教育中「最有影響力的三十位高級領袖」之一，也是那十年間「十位議程確立人」之一，表示「他以對羣體、知識和屬靈整全引人共鳴的遠象，啟發了一代教師和改革者」。

二○○一年，卡爾頓學院（Carleton College）頒發傑出校友成就獎（Distinguished Alumni Achievement Award）給予帕爾默。二○○二年，畢業後醫學教育認證委員會（Accreditation Council for Graduate Medical Education）創立帕爾默教學勇氣獎（Parker J. Palmer Courage to Teach Award），每年頒發獎項給十個醫學實習計劃，表揚醫學教育中以病人為中心的專業精神。

二○○三年，美國學院人事協會（American College Personnel Association）授予鑽石受獎人（Diamond Honoree）稱號給帕爾默，表揚他在學生事務方面的傑出貢獻。二○○五年，喬斯一巴斯出版社出版了*Living the Questions: Essays Inspired by the Work and Life of Parker J. Palmer*，這本書由不同行業的傑出從業員撰寫，

包括醫藥、法律、人道工作、政治、經濟發展和 K-12 及高等教育。

帕爾默在帕克萊的加州大學(University of California)取得社會學博士學位。他是公誼會(貴格會)的會友，他與太太沙倫・帕爾默居住在威斯康辛州的麥迪遜(Madison)。